長友佑都のファットアダプト食事法

カラダを劇的に変える、28日間プログラム

YUTO NAGATOMO
長友佑都

監修：山田悟

幻冬舎

長友佑都のファットアダプト食事法

カラダを劇的に変える、28日間プログラム

目次

実践編

序章

僕が食事を「ファットアダプト」に変えた理由

ロシア大会直後に「4年後を目指す」と断言できた理由

2018FIFAワールドカップのロシア大会、日本代表は予選グループHを1勝1敗1分で勝ち抜いて決勝トーナメントに進出。初めてのベスト8入りをかけてベルギーと対戦して、惜しくも2対3で逆転負けを喫した。

このゲームが終わった後、僕はメディアのインタビューに対して次のように答えた。

「また4年後のワールドカップを目指します」

これは前もって用意していたコメントではなく、ベルギー戦を終えて咄嗟に出た本心。いわば本能から飛び出した言葉だ。

最後の最後での逆転負けのショックで茫然自失となっている選手もいたし、涙に暮れる選手もいた。それでも僕が前を向いてポジティブな発言ができたのはなぜか。

それは僕自身が肉体的にも精神的にも絶好調であり、ロシアでワールドカップに改めて魅了されたからだ。だからこそ、またこの舞台に戻りたいと素直に思えた。

ベルギーが優勝候補の一角を占める強豪であり、僕らよりも明らかにレベルが高いことはわかっていた。それでも試合前の僕には、ベルギーへの恐れはまるでなかった。負ける気がしなかった。それくらい調子が良かった。

振り返るとその4年前の2014FIFAワールドカップのブラジル大会は、悔いの残る戦いだった。予選グループCでの戦績は1分2敗の最下位。良いところなく予選リーグで敗退した。

周囲の期待が大きかった分、失望も大きかった。

マスコミは敗因を探して騒ぎたてた。キャンプ地の選定を誤り、コンディション調整がうまくいかなかったのではないか。アルベルト・ザッケローニ監督の采配に問題があったのではないか……。好き勝手な意見が飛び交った。

意見を言うのは自由だ。だが、勝負ごとだから、勝つときもあれば、負けるときもある。終わった後に犯人探しをしても仕方ない。僕はそう思う。ただ個人的に自分のパフォーマンスに満足していたかと問われると、首を横に振るしかない。

ブラジル大会を僕は28歳になる年で迎えた。サッカー選手としては、もっとも脂が乗っ

ている タイミングである。

ブラジル大会をバネにもっと上を目指せる。秘かにそう考えていたのに、思ったような結果が出せなかった。それがショックだった。失点にも絡んだし、攻撃参加も不発に終わった。グループステージ終了後、FIFAがパス、アシスト、タックル、ポジショニングといった要素を分析して全選手のポイントランキングを発表した。トップ100には日本人選手が3名含まれていたが、そこに僕の名前はなかった。

ロシア大会の終了後、西野朗監督は「ある〝小さな選手〟が1次リーグを突破した翌日のミーティングで『ブラジル』という言葉を言った瞬間に言葉を詰まらせて泣きじゃくった」という裏話を披露した。〝小さな選手〟とは僕のことだ。

ワールドカップの借りはワールドカップでしか返せない。ブラジル大会の後、ロシア大会のために4年間、すべてをかけて闘ってきた。その月日を経て、苦楽を共にした仲間たちとW杯の決勝トーナメント進出という結果を手にして、思わずいろんな感情がこみあげてきたのだ。

一般的にアスリートは加齢とともにパフォーマンスが落ちるとされている。それなのに、32歳になる年で迎えたロシア大会で僕が絶好調だったのはなぜか。

その秘密は食事にある。食生活を変えてから僕はフィジカル的にも、メンタル的にも、自分史上最高に仕上がっている。現在プレーしているトルコ・スュペル・リグのガラタサライＳＫでも、いいパフォーマンスを発揮できている。

その食事法こそ、本書のテーマである**「ファットアダプト食事法」**だ。

ファットアダプト食事法（以下、ファットアダプト）とは何か。

それは簡単に言うと、**脂質（ファット）をエネルギー源として上手に使えるファット・アダプテーション（脂質適応状態）になる**ための食事法。糖質の摂取をコントロールして血糖値の乱高下を抑えて、良質のたんぱく質と脂質を積極的に摂るのだ。これだけではチンプンカンプンかもしれないが、詳細はおいおい語っていこう。

次の２０２２ＦＩＦＡワールドカップのカタール大会では僕は36歳になっている。

僕はこれまで南アフリカ、ブラジル、ロシアとワールドカップ３大会全11試合に出場している。僕以外に３大会全11試合に出場しているのは川島永嗣さんと長谷部誠さんだけ。

そしてフル出場を果たしているのは僕と川島さんのみだ。

２歳歳上の長谷部さんはロシア大会を最後に日本代表からの引退を表明している。同い年で親友の本田圭佑も日本代表からの引退を決めた。

36歳でのワールドカップ出場を有言実行するまでの道のりが、厳しい戦いになるのは目に見えている。他人との戦いではない。自分との戦いだ。

でも、僕は自分との戦いに負ける気はしない。本能的に50%以上の確率で自分に勝てるという確信があったから、ベルギー戦直後に4年後を目指すと宣言したのだ。4大会連続でワールドカップに出場すれば、日本人初となる。その歴史を作る自信はある。

36歳でのワールドカップ出場に対して懐疑的な声があるのも知っている。ましてや僕のポジションはサイドバック。高いレベルのスタミナとスピードが求められるポジションだ。その懐疑的な声を覆してやろう。真剣にそう思っている。

サッカー選手はピッチ上でのパフォーマンスがすべて。年齢は関係ない。20歳でも30歳でも40歳でも、与えられたポジションで最高のパフォーマンスを発揮する人間が選ばれるのが、サッカー日本代表という栄光の場所である。それが、ロシア大会でベテランを多く起用した日本代表を「おっさんジャパン」と揶揄する声が上がった際、僕が反発した理由だ。

僕が理想とするのは、1年や2年といった短いスパンではなく、10年、15年、20年といった長いスパンで活躍が続けられる選手だ。短期間、脚光を浴びるような活躍をする選手は大勢いる。しかし、15年、20年とロングスパンで第一線に立って躍動し続けて初めて、本物だと僕は思っている。

僕が２０１１年から２０１７年まで所属したイタリア・セリエＡ、インテル・ミラノで１９９５年から２０１４年まで19年間活躍した大先輩のハビエル・サネッティがまさにそう。サネッティは30代半ばでインテルのセリエＡ５連覇に貢献し、ＵＥＦＡチャンピオンズリーグで優勝まで勝ち取っている。比べるのもおこがましいほどだが、インテル時代に間近で見ていて「こういう選手になりたい」と強く思った。

長谷部さんもまさに本物。ドイツ・ブンデスリーガのアイントラハト・フランクフルトの要的な存在で、35歳にしてそのキャリアでもっとも輝いている。そう言っても過言ではない。

僕も年齢を言い訳にせず、本物になって２０２２年のワールドカップ出場を果たすため、トレーニングと並行して取り組んでいるのが、ファットアダプトなのだ。

不調と怪我が増えてきて、食事の重要性について改めて考えてみた

僕が食事の重要性に改めて気づいたのは、ワールドカップのブラジル大会が終わった後の2015年頃。その頃、僕はインテルでプレーしていた。

2015年シーズンのパフォーマンスは最悪だった。ピッチのうえで思ったようにカラダが動かなかった。キレもないし、スピードもない。理想からはかなり隔たりがあった。

何よりも悔しかったのは、怪我が多くて出場の機会が減ってしまったこと。相手との接触があるサッカー選手に怪我は付き物ともいえるが、その回数が増えて回復に以前よりも明らかに時間を要するようになった。

パフォーマンスが落ち、怪我も増えたうえ、クラブがサイドバックの補強を行ったため、出場機会が減ってきた。日本代表でも、その年のAFCアジアカップの準々決勝UAE戦で右太ももの肉離れを起こすなど、満足なパフォーマンスが出せなくなった。

このままでは世界トップレベルで活躍できる現役生活が短くなってしまうかもしれない。

30歳を前にして強い危機感を僕は抱いた。1日でも長く現役でサッカーをしたいからこそ、僕は悩みに悩んだ。

この不調の原因は一体どこにあるのか。

キレやスピードが失われたり、怪我をしやすくなったりすると、多くの人はトレーニング不足を疑うだろう。しかし、僕はフィジカルトレーニングでは誰にも負けない努力をしてきた自信があった。体幹トレーニングにはかなり以前から取り組んできたし、アスリートとしては先駆的な試みとしてヨガも取り入れた。トレーナーとも何度も話し合ったが、トレーニング不足に不調の理由があるとは考えられなかった。

代わりに目を向けたのが、食事である。

アスリートのパフォーマンスを左右するのは、トレーニング、休養、そして食事という3本柱である。アスリートはトレーニングと休養には人一倍気を使うが、反面食事に関しては気にしないタイプも少なくない。僕は食事をないがしろにしていたわけではないが、振り返ってみるとカラダを強くしたいという思いが勝って、トレーニングと休養にばかり目が向きすぎていたように思う。

気づきのきっかけとなったのは、世界一のテニスプレーヤーであるノバク・ジョコビッチ選手の本に出合ったこと（『ジョコビッチの生まれ変わる食事』三五館刊）。

ジョコビッチ選手はいまでこそ世界最強プレーヤーの一人だが、以前はトップ選手を追う二番手集団から抜け出せなかった。怪我も多いし、ゲーム中に突如体調を崩してしまい、勝てるゲームを失うことが続いていた。

彼は状況を打破するべく、試せることを片っ端から試した。トレーニングを変えたし、メンタル面を疑ってヨガを取り入れるなどした。しかし、残念ながら、めざましい改善は見受けられなかった。

まるで僕のことだ！

その後、ある医師との出会いがあり、食事を変えてジョコビッチ選手は別人のように生まれ変わり、世界最強プレーヤーの道を歩み始める。

肉体とパフォーマンスを蘇らせるには食事を変えるのも有効ではないか。ヒントをもらった僕は、食事と栄養に関するあらゆる本を読みあさった。ジョコビッチ選手の方法だけが正解ではないと思ったからだ。そこで得た知識は本書の随所に反映されている。

サッカー選手にそれぞれのプレースタイルがあり、トレーニングにも合う、合わないがあるように、食事法も万人に合う唯一無二の方法があるわけではない。だから本で読んで勉強し、腑に落ちるまで消化したものを試して、どんな変化が起こるかを観察してみた。自分のカラダを実験台にしたのだ。

徹底した糖質制限は合わなかった。脳も筋肉もガス欠になった

手始めに試してみたのは、ジョコビッチ選手の本にも出てくる、徹底した糖質制限だ。

カラダのエネルギー源になるのは、糖質、脂質、たんぱく質という3大栄養素しかない。このうちたんぱく質は筋肉などカラダのパーツの材料であり、本来はエネルギー源にしてはならないもの。となると残るは糖質か脂質しかない。

糖質制限に切り替えると、糖質が入ってこなくなるから、脂質をメインのエネルギー源にするようになるはず。糖質も体内に多少は貯蔵されているが、その量はごくわずかで、脂質の貯蔵量の方が圧倒的に多いからだ。

脂質をエネルギーにしたら、もっと走れるようになるのではないか。そう期待した僕は、

糖質を徹底的にカットした。初めは半信半疑だったが、やるからには中途半端はイヤだ。一度決めたらストイックに追求するタイプだから、大好きなご飯もパスタもお預けにした。

当時、試合がない日のインテルでは午前11時から全体練習が行われていた。

その日の朝ご飯は、茹で卵2個とスムージーのみ。スムージーには果物由来の糖質が含まれるが、その量はたかが知れている。朝食で糖質をほとんど摂らないと糖質が枯渇した状態が続く。代わりにメインのエネルギー源になってくれるのは、体内に多く貯蔵されている脂質だ。僕はそう考えていた。

ところが、期待に反して思い通りにカラダは動いてくれなかった。

11時スタートで初めのうちは何とかなるが、1時間もすると頭がボーッとしてくる。筋肉にも力が入らなくなり、質の高い練習がこなせない。

試合中にも悪影響が出てきた。練習中と同じように頭もカラダも動かない。とくに自覚したのは、頭がぼんやりすること。試合に集中しようと必死になるのだが、濃い霧が立ちこめてそこで脳が眠りこけているような感じだった。

結局、糖質をカットしたのに脂質をうまく使えていなかった。ガス欠の自動車のような状況に追い込まれてしまい、脳も筋肉も思い通りに働いてくれなかった。これはマズいと思った。徹底した糖質制限は僕には合っていなかった。

もっと早くファットアダプトに切り替えていたらレアル・マドリードでも戦えた？

僕は食事の内容をＳＮＳに写真付きでアップすることが多い。

その頃、食事の内容をアップしていたら、日本から突如メッセージが届いた。

「私はアスリート専属シェフになるために活動しています。日本のアスリート界発展のためにも、どこにでも出向いていく情熱を持っています」

発信元は横浜のイタリア料理店で働く加藤超也《たつや》シェフ。２０１６年の初めだ。

その後の経緯にはのちほど改めて触れるが、結論から先にいうと加藤シェフは日本からイタリアまで来てくれて、以来僕の専属シェフを務めている。

さらに２０１７年に入って、緩やかな糖質制限＝ロカボの普及に努めているドクターの山田悟氏がアドバイザーとして加わってくれた。

こうしてアスリートである長友佑都、シェフの加藤超也、ドクターの山田悟という3名がタッグを組んで編み出したのが、ファットアダプトのメソッドだ。

ファットアダプトを始めて1か月もしないうちに、脳も筋肉も思い通りに働くようになってきた。集中力も途切れないし、カラダのキレもスピードも戻ってきた。

いまは20代のときよりもコンディションが良く、試合でも90分を通して高いパフォーマンスを発揮できている。糖質と脂質を適材適所で偏りなく使えるようになったのだ。まるで燃費が悪くて足回りもイマイチだった古めかしいセダンが、ガソリンでも電気でも走れるハイブリッドのスポーツカーに一気に進化したような感じ。

最初の見立て通り、僕にとってのブルーオーシャン（未開拓の市場）は食事だったのである。

ファットアダプトの威力を知っていたら僕はプロになった瞬間から実行していただろう。もしもプロ1年目からファットアダプトを実践していたら、一体どうなっていただろう。そんな想像をすることもある。それ以前の食事法でもインテルで普通にやれていたわけだから、スペインのリーガ・エスパニョーラの強豪レアル・マドリードに入って世界を驚かせるような活躍ができたかもしれない。真剣にそう思うときもある。

自らの歩んできた道に一片の後悔もない。ただ思わずそういう想像をしたくなるほど、ファットアダプトの効果は素晴らしい。


僕はファットアダプトを2年近く続けてきた。その経験で本当に良いものだと実感したからこそ、今回ファットアダプトの本を出そうと決意した。

誤解しないでほしい。ファットアダプトは僕のようなサッカー選手、あるいはアスリートだけに適した食事法ではない。

子どもにも大人にも、男性にも女性にも、そして運動をする人にもしない人にも有効だ。フィジカルもメンタルも最高のコンディションに整えてくれる。

僕ら一人ひとりは遺伝子レベルで体質が異なる。だから僕のやり方が、万人に100%無条件にマッチするわけではない。

ただこれまで2年近くの経験、ドクターが示してくれる数々のエビデンス（科学的根拠）から、ファットアダプトのベースとなる発想に間違いはないという自信がある。あとはそれぞれの体質や生活習慣に応じ、柔軟にアレンジしながら食生活に取り入れてほしい。

うまくいけば1か月で変化が自覚できるだろう。

僕が身をもって経験したように、食事が与える影響は想像以上に大きい。

食事で心身が整えば、一人ひとりがそれぞれの夢により近づけるに違いない。夢が現実的な目標になり、目標を一つひとつクリアしているうちに人生はいま以上に豊かになる。ファットアダプトでそのお手伝いができるとしたら、著者としてこれ以上の喜びはない。

2019年初夏　長友佑都

第1章

ファットアダプトがもたらす劇的な効果

ファットアダプトのメリット①

筋肉の質が変わり、故障が減る

この章ではファットアダプトによるファット・アダプテーションにより期待できる効果について語ってみたいと思う。

「序章」で触れたように、ファットアダプトを始めてすぐに、これまでの食事法とは違った成果が実感できるようになった。

徹底した糖質制限をしていた頃のように練習中や試合中に頭がボーッとしたり、エネルギー切れで動きが悪くなったりすることがなくなった。

そして筋肉にも顕著な変化が現れた。質が変わったのだ。

筋肉は案外自分では触らないもの。質の変化を指摘してくれたのは、長年僕のカラダを触ってくれているトレーナーたちだ。

日本代表には、僕のカラダを10年以上見てくれているトレーナーが4、5名いる。彼らが口を揃えて「筋肉の質が変わったね」と言ってきた。僕からは何も話していないのに、カラダのプロである彼らは変化を敏感に察知してくれたのだ。

「これまでは筋肉に張りとボリュームがある感じだったのが、弾力があって柔軟性もあるしなやかな筋肉に変わってきたね」と嬉しいコメントをしてくれるトレーナーもいた。

「あ、そうなんですよ。いま食事の改善に取り組んでいて……」

僕がそう告白すると、彼らは「やっぱりそうか」とでもいうように黙って頷いた。食事の内容次第で筋肉の質が変わるのは、トップレベルのトレーナーの世界では暗黙の了解のようなものなのだろう。

なぜ筋肉の質が変わったのか。

不思議に思ってドクターに尋ねてみた。すると丁寧な答えが返ってきた。

カラダはたくさんの細胞の集まりだ。筋肉の場合、筋線維という細長い細胞が無数に束になっている。

この細胞一つひとつを包んでいるのが、細胞膜。キャラメルを包んでいる銀紙とは違い、細胞膜は単なる包み紙ではない。細胞内にエネルギーを取り込んだり、細胞内外の情報の伝達を助けたりする役割を担っている。

この細胞膜を作っているのは、脂質。カラダを作るのは基本的にはたんぱく質なのだが、細胞膜はたんぱく質と脂質が一体化した膜である。

ファットアダプトで良質なアブラを意識して摂るようになると、**細胞膜の脂質も良質なものに置き換えられる。**それで細胞膜の機能が高まり、筋肉の弾力や柔軟性が向上するというメリットが得られるらしい。

ファットアダプトはカラダを細胞レベルから蘇らせてくれるのだ。

筋肉の質が変わったおかげで怪我が減ってきた。

サッカーは選手同士が激しく接触するコンタクトスポーツ。こちらがいくら入念に準備をしていても、怪我（外傷）を完全になくすことはできない。危険なラフプレーではない、フェアプレーでの接触でも怪我は起こり得る。とくにフィジカルが強い海外勢とやるときは完全に無傷でいられる方が珍しい。

しかし防げる怪我もある。正確には〝故障〟と呼ばれるものだ。

故障の大半は、コンディションの管理がうまくできていなかったり、カラダの使い方が不自然になってしまったり、同じ部位を繰り返し使いすぎたりして生じる。

振り返ってみると、僕は筋肉系の故障が多かった。いつも全力でプレーしている代償として筋肉に目に見えないダメージが蓄積してしまい、１年に２～３回は軽い肉離れや筋膜炎などの故障を引き起こしていたのだ。

ファットアダプトを始めてから、相手との不意の接触による怪我はともかく、筋肉系の故障は１回もない。これも筋肉の質が細胞レベルから変わったおかげだろう。筋肉の弾力と柔軟性が高まると故障は起こりにくくなるのだ。筋肉の柔軟性を高めるストレッチが故障を防ぐように、ファットアダプトが故障の予防に役立っていると実感している。

ファットアダプトのメリット②
病気から早期復帰できる

細胞レベルからカラダが蘇るファットアダプトは、病気からの回復力を高める可能性すらある。肺の手術を受けた経験から僕はそう信じている。

２０１８年10月24日、ＵＥＦＡチャンピオンズリーグのホーム戦でドイツのシャルケと戦った際、後半35分にボールが胸を強打した。何とか起き上がってプレーを再開しようとしたが、力が入らず、トルコ代表FWオメル・バイラムと負傷交代した。

試合後に肺気胸と診断されて27日にトルコで胸の手術を受けた。肺気胸とは、何らかの原因で肺に小さな穴が開いて空気が漏れ出す病気である。

僕の場合、ボールに強打された左の肺がパンクしたようになり、穴が開いて空気が入らない状況。左側だけ肺が小さくなっていた。

その際、僕はSNSで次のようなコメントを出している。

「昨日無事肺の手術を終えました。プロになって10年間ほとんど休みなく突っ走ってきたので、こういうことがない限り自分は止まれなかったんだろうな。まずはしっかり治療してまた元気な姿見せられるように頑張ります！」

起こったことは、ネガティブなものも含めてすべて前向きに捉えるのが僕の信条。このコメントもその表れだが、状況は決して楽観を許さなかった。

肺気胸のオペ（手術）は内視鏡で行われた。胸を2か所切って細い内視鏡を差し入れて、穴が開いて薄っぺらになった肺の部分を切除したのだ。手術後は即入院となった。

正直に告白すると、それまでの32年間の人生で、この入院はもっとも辛く苦しい体験だった。

手術は全身麻酔で行われた。その麻酔の副作用もかなりあった。他にも、毎日打たれる痛み止め、感染症予防のための抗生物質……。いろいろな薬を使ったので、その副作用によるダメージが想像以上にあった。

入院中はカラダに管を刺しっぱなしだから、普通に仰向けで寝られない。管は肺と直接つながっているから、軽く咳をするだけでも激痛が走る。

海外で内臓の手術をするのは生まれて初めて。担当してくれたトルコの医師のことは全面的に信頼していたが、不安がゼロだったわけではなかった。

医師は「状況を見ながら」と言うばかりでいつ退院できるとは明言してくれない。医師の立場上、希望的観測で退院時期を安易に宣言できないのは理解できる。だが、僕にはこの辛い状況があとどのくらい続くかわからないのが精神的に辛かった。

この地獄のような入院は、幸い２週間で終わった。あともう１週間続いていたらと想像するといまでもゾッとする。それくらい辛かった。

手術をする前、頭にあったのは２か月後の２０１９年１月に開催が迫っていたＡＦＣアジアカップだった。

2週間入院している間、体力を消耗して体重が3kg落ちた。落ちたのはアスリートにとって何よりも大事な筋肉だろう。

面会謝絶が解除されて、早速お見舞いに来てくれたシェフに「この状況ではアジアカップは絶対無理だ」と弱音を吐いたことを覚えている。アジアカップ出場は考えられなかったし、考えたくなかったというのが正直な心境だった。

内心年内の回復は難しいだろうと覚悟していたのだが、それからは自分でもびっくりするようなスピードで順調に回復が進む。

退院後、1週間ごとに検査のために病院に通った。そのたびに検査の数値も病状もみるみる良くなる。小さく萎《しぼ》んだ左側の肺も急速に元のサイズに近づき、担当医師も「こんなに速く回復するなんて、何をしたらこうなるんだ!」と心底驚いていた。

結果的に、手術から1か月後の11月28日、UEFAチャンピオンズリーグのロシア・FCロコモティフ・モスクワとの対戦で実戦復帰を果たした。

このゲームは真冬のロシアでのアウェー戦。僕なりに戦う準備はできていたが、気温がマイナス10度という厳しいコンディションだった。フル出場はないだろうと思ったが、結局は最初から最後まで90分間戦い抜いた。

しかもチームでいちばん走っていて、チームメイトから「お前は本当にマシンだな」と驚かれた。僕の持ち味は「ダイナモ（発電機）」とも呼ばれる無尽蔵のスタミナ。粘り強いスタミナを発揮するには、肺で酸素をたっぷり取り込み続ける必要がある。その肺がパンクしてから1か月で復帰したのだから、チームメイトが驚くのも当然だ。

チームメイトは僕がどんな辛い手術をしたのか知っているし、心配してお見舞いにも来てくれているから、薬の副作用で苦しんでいる姿も直に見ている。だからこそ余計に、極寒の地で行われた復帰戦でフル出場して最後まで走り続けた姿にびっくりしたのだろう。

その後もガラタサライSKで5、6試合をこなして、一時は「絶対に無理だ」と諦めていたアジアカップにも出場できた。

1か月のブランクがあったし、大きな手術をした後だから、実戦復帰しているといってもコンディションは決して100％万全とはいえなかった。それでもアジアカップのピッチに立っていられるだけでも、僕には奇跡のように思えた。

場所は灼熱の地アラブ首長国連邦のドバイ。試合も中2日、3日のハイペースで行われていたから、正直カラダはしんどかった。試合後の疲労度もマックスだったし、アジアカップの期間中にコンディションが良かった瞬間は一度もない。チームも決勝でカタールに1対3で敗れてしまったけれど、個人的にはあの環境と状況で最後まで戦い抜けたことには満足している。

肺気胸の手術からの驚異的な回復を助けてくれたのも、ファットアダプトだ。

僕が入院している間、加藤シェフは山田ドクターにSOSを出してくれた。

病気からの回復期では通常、お粥やうどんといった消化の良い糖質の摂取が勧められるケースが多い。一方、ファットアダプトでは糖質の過剰な摂取はネガティブだ。

「入院中、あるいは回復期にも、ファットアダプトを続けていいのか？」

シェフがそう尋ねると、ドクターは「もちろん！」と頼もしい返事をくれた。

ドクターはシェフと僕にこう教えてくれた。

肺を作っているのは、筋肉と同じようにたんぱく質。そして傷ついた細胞の修復には、細胞膜を作っている脂質の摂取が欠かせない。だから、良質なたんぱく質と脂質を中心とするファットアダプトの継続が回復への近道になる。

ドクターから太鼓判をもらって、シェフはファットアダプトのレシピで作られたスープを病院まで届けてくれた。手術後はお腹にたまるような重たいものは受け付けないから、食べやすいスープをチョイスしてくれたのだ。

退院後も青魚などの魚を中心とした高たんぱく質・高脂質の食事をシェフに作ってもらい、それを僕は美味しく食べていた。

術後も変わらずファットアダプトを続けたことが早期の復帰につながり、アジアカップへの出場も可能にした。僕はそう確信している。

ファットアダプトのメリット③
精神的に落ち着ける

脳の大事なエネルギー源は糖質。糖質の摂り方は脳にも影響を与えるし、それはメンタル面にも波及する。僕はそう実感している。

ストイックに糖質制限を実践している際、練習や試合の最中に頭がぼんやりするといったマイナス面があった。脳のエネルギーとなる血液中の糖質、血糖が足りなかったのだ。

逆に白砂糖のように血糖値を上げやすい糖質を摂りすぎてしまうと、上がりすぎた血糖値を下げるために胃の裏側に控えたすい臓という臓器からホルモンのインスリンが出すぎてしまう。それが血糖値を急激に下げるため、やはり脳がガス欠になってぼんやりする。

糖質は少なすぎても、多すぎても脳に悪い。血糖値がジェットコースターのように乱高下すると精神的に落ち着かなくなる。だからファットアダプトでは血糖値が乱高下しないような糖質の摂り方を推奨する。この危険な血糖値の乱高下は、それを描く血糖値のグラフが棘（スパイク）のように鋭いことから、血糖値スパイクとも呼ばれる。

血糖値を安定させるファットアダプトに切り替えて、僕の脳には安定的にエネルギーが供給されるようになった。頭がぼんやりすることはなくなったし、集中力もつねに高いレベルで維持できるようになった。

以前はランチ後に必ず眠くなり、昼寝をしないと持たなかった。血糖値が下がりすぎていたのだろう。いまは昼寝もなくなり、練習や試合中だけではなく、日常生活でも朝から晩まで頭がつねに冴えている。仕事に集中したいビジネスパーソン、試験や受験を控えた学生たちにもファットアダプトを勧めたい。

ファットアダプトとの直接的な関連は薄いと思うが、2018FIFAワールドカップ・ロシア大会では、メンタル面も充実していた。

ワールドカップはサッカー選手にとっての晴れ舞台だ。ワクワクする一方、選手たちはたとえ口に出さなくてもつねに不安や怖さを感じているもの。普段の試合や代表戦とは、次元の違った緊張感がある。

過去に出場した南アフリカとブラジルという２大会では、僕も秘かに不安や怖さを抱えていた。ところが、ロシア大会のときは、不安も怖さも一切感じなかった。前回のブラジル大会の借りを返したいという気負いもゼロ。強がりを言っているわけではない。本当に何もかもが楽しみでしかなかった。

過去２大会の経験、それにトレーニングに加えてファットアダプトを取り入れたことで、僕のなかで必要なピースが完璧に噛み合い、これまでなかったようなブレないメンタル面での安定をもたらしてくれたのだろう。

精神的に冷静でブレがなくなったからこそ、僕個人のことだけではなく、チーム全体を客観的に見て行動できるようになった。

またロシア大会ではチームのためにあえて〝リスク〟を伴う行動もした。

大会前、日本代表には逆風が吹きまくっていた。

開幕まであと2か月になった時点でヴァヒド・ハリルホジッチ監督が解任されてしまい、新たに西野朗監督が就任した。西野監督は、ハリルさんが起用しなかった本田圭佑や香川真司、岡崎慎司らのベテランを起用した。それに対して「おっさんジャパン」「年功序列かい！」などとネット上で揶揄する人たちも出てきた。

繰り返しになるが、サッカー選手はピッチでの結果がすべて。年齢は関係ない。怪我や不調に苦しみながらも、ずっと努力してきたチームメイトの苦労を知っているからこそ、彼らにリスペクトのない発言を放置できなかった。

それに対して僕はSNS上で「年齢で物事判断する人はサッカー知らない人。」と発言。ネットでは批判もされたが、チームの雰囲気を少しでもポジティブに変えるきっかけになればという思いでの発言だった。

その頃代表チームは6か月間勝ちがなく、本大会前のテストマッチでもガーナに0対2、スイスに0対2と2連敗した。

単に負けているだけではなく、内容的にもひどかった。僕は内心「ワールドカップは甘くない。これで世界を相手に勝てるわけがない」と思っていた。

負け続けているとチームの雰囲気も悪くなる。空気を変えるきっかけの一つにしたいという一心で金髪に染めることを思いついた。

その日はスイスとの親善試合に0対2で負け、選手はもちろん監督もコーチも心身ともにボロボロだった。

僕は試合後、興奮が抜けずに寝つけない。どうせ寝られないならとその日の深夜3時、美容師さんに部屋まで来てもらい、ブリーチをお願いした。眠れないけど、僕だって疲れていた。ブリーチすると頭皮も傷む。「こんなの最悪だ」と愚痴をこぼしながらも、ここはチームのために行動しようと思った。

翌朝朝食の会場に金髪で僕が現れた瞬間、みんな唖然として「どうしてなの？」という言葉すら出てこないような状況。西野監督を見ると顔を引きつらせていた。ネット上では賛否両論だったが、世間一般よりもチーム関係者の方がショックを受けていた。

SNSでは「スーパーサイヤ人になってチーム救いたい。。髪だけは明るく。。みんな笑ってくれよ。笑　どんな時も前を向いて進む。」とつぶやいた。

一連の行動がどれくらいチームの発奮材料になったのか。それはわからない。結果的に、グループリーグ最後のパラグアイ戦には4対2で勝利し、どん底から少しは希望の光が見える場所まで這い上がってワールドカップ本番に臨めた。

過去2回もワールドカップの舞台で戦わせてもらっている立場だからこそ、チームのためにできることをしたい。それが結果的に自分にも良い形で返ってくると信じている。

ファットアダプトのメリット④
肌の状態が良くなる

お相撲さんは幕下のうちは体重を増やすために、ちゃんこ鍋で丼ご飯を何杯も食べるような食生活を送っていると耳にする。

相撲だけではなく日本のスポーツ界では総じて似たような傾向がある。ご飯をもりもり食べた方が強くなれるし、また食べられる人が偉いと思われている。これは科学的な根拠に乏しい〝神話〟のようなものだろう。

かつて日本のスポーツ界では、根性を付けるためにトレーニング中は喉が渇いても水を飲むなという指導が平気で行われていた。いま考えると脱水症状や熱中症を引き起こしかねないとんでもない指導だ。ひょっとしたら若いうちはご飯を山盛り食べよという指導も、いずれファットアダプトに取って代わられる時代が来るかもしれない。

かくいう僕も高校時代まではご飯などから糖質をかなり摂っていた。ファットアダプトとは180度違う食生活を送っていたのだ。

その時代、僕には2つの悩みがあった。改めて考えてみると、どちらも糖質過多が原因だったようだ。

一つ目は故障が多かったこと。若くて元気なはずなのに故障に悩まされていたのは、糖質ばかり摂って良質な脂質が足りず、細胞レベルで筋肉の質が悪く硬かったせいだろう。

もう一つの悩みは皮膚に吹き出物が多かったこと。

中高生にはニキビに悩まされるタイプは少なくない。思春期にホルモンバランスが大きく変化するためだ。僕も「これは年齢的なものだ」と納得していたのだが、思春期をすぎて大人になり、プロになってからも背中などに現れる肌のブツブツに悩まされ続けた。

皮膚科にもあちこち通い、そこで様々な塗り薬や飲み薬を処方してもらった。でも、医師の指示通りにこれらの薬を服用しても肌の悩みは一向に解決しなかった。

「これは持って生まれた体質だから仕方ない。もう変えようがないんだ」

自らにそう言い聞かせて納得する日々がずっと続いた。ところが、ファットアダプトに切り替えてから故障がなくなったし、長年の肌トラブルもウソのようになくなった。背中にいつも大きなニキビがあったのに、それもまったく出なくなった。

サッカー選手としてのパフォーマンスには関係のない話だが、一人の男性としては肌トラブルから解放されたのは非常に嬉しい変化。いやいや、肌トラブルは目に見えない心理的なストレスにもなり得るから、ひょっとしたら知らない間にパフォーマンスの足を引っ張っていた恐れもある。

ファットアダプトでなぜ肌トラブルがなくなったのか。恐らくは肌の細胞レベルで機能が改善するからだろう。肌の細胞は筋肉以上に入れ替わりのスピードが速いから、食事が与えるインパクトはそれだけ大きい。

ファットアダプトの肌に対する最大のメリットは、**「AGEs」という悪玉物質が生じにくくなる**点にある。そう教えてくれたのはドクターだ。

AGEsは、糖質とたんぱく質が体温で温められて生じるもの。食パンをトーストするとこんがり焼ける、あの焼き目のなかにも少量のＡＧＥｓが含まれている。

糖質の多い食事で血糖値が高くなると体内でＡＧＥｓが増える。一度作られたＡＧＥｓはなかなか排泄されず、少しずつ溜まってくる。

近年、ＡＧＥｓは美容業界でも注目されているらしい。ＡＧＥｓが増えると、肌を作るコラーゲンを劣化させてしなやかさが失われてしまい、シワの原因となる。またトーストの例からわかるように、ＡＧＥｓは褐色なのでシミの誘因にもなり得る。

血糖値が安定して乱高下しないファットアダプトなら、ＡＧＥｓの発生は最小限に抑えられる。肌トラブルに悩まされているなら、一度ファットアダプトを試してみてはどうだろうか。それはシワやシミの予防につながるかもしれない。

ファットアダプトのメリット⑤
ダイエット効果がある

アスリートが食生活を変える動機はパフォーマンスを高めたいから。しかし、一般の方々が食事を見直すきっかけになるのは減量、つまりダイエットのためだろう。

ファットアダプトはそのダイエットにも有効だとされている。

「されている」という曖昧な表現をしたのには理由がある。

僕自身は太りにくい体質。むしろ少しでも食事を減らすと、体重と筋肉が落ちてコンディションもパフォーマンスもダウンする。

だからファットアダプトで痩せられたという実感はない。逆に筋肉が減らないように保ってくれている食事という認識だ。

しかし、僕と反対に太りやすい人に対しては、ファットアダプトがダイエット効果を発揮する。理由を2つ挙げよう。

理由その1は**過食が防げる**こと。

太る理由はシンプルにいうなら、食べすぎ。動いて消費しているカロリー以上に、食事からカロリーを摂りすぎると、その差分は体脂肪として脂肪細胞に蓄積される。太るとは単に体重が重たいことではなく、体内に無駄な体脂肪が溜まりすぎた状態である。

ファットアダプトはこの食べすぎによる肥満を防いでくれる。

食べすぎ防止の鍵を握っているのは、消化管ホルモン。胃や小腸といった消化管は、その名の通り、食べたものを消化したり、吸収したりするだけではなく、体内でホルモンとして働く物質を分泌している。

ファットアダプトでは糖質を適度にコントロールした分だけ、たんぱく質と脂質の摂取が増える。**たんぱく質や脂質をしっかり摂ると、消化管から「もう満腹になったから、食べるのを止めていいぞ」というシグナルを出すホルモンが分泌される。**おかげで、たんぱく質や脂質が多く摂れるファットアダプトに則した食事をしていると、自然に満腹感が訪れて過食に走ることがない。

たんぱく質はともかく、脂質の摂りすぎ＝太る、というイメージがかなり強いようだが、実際は良質の脂質を摂った方が不要な食欲が抑えられて痩せやすい。

ファットアダプトが減量に効く２つ目の理由は、**血糖値の乱高下が抑えられる**から。

まず血糖値が急に上がると何が起こるだろうか。

たんぱく質と脂質の量が少なく、その分糖質が多い食事をしていると、糖質が吸収されて血中に入って血糖となり、血糖値が即座に跳ね上がる。血糖値が急上昇すると、すい臓から、インスリンが大量に分泌される。

インスリンの役割は、高くなりすぎた血糖値を下げること。そのためインスリンは血糖を筋肉などに取り込ませる。それでも余った血糖を最終的に引き受けるのは脂肪細胞。体脂肪の多くは血糖から合成されている。体脂肪は脂質の摂りすぎで溜まると誤解されているけれど、糖質の過剰摂取が体脂肪の蓄積を促す真犯人だ。

同時にインスリンは脂肪細胞に働きかけて体脂肪の分解にブレーキをかける。体脂肪の合成を促して、分解をストップさせるその作用から、インスリンには「肥満ホルモン」という不名誉なあだ名が付けられている。

次に血糖値が急に下がると何が起こるのか。

白いご飯やうどんや大福餅のように、糖質が多すぎてたんぱく質や脂質が少ないものを過食すると、血糖値が急上昇した後、分泌されたインスリンの作用で血糖値が急降下する。血糖値が急に上がると必要量を超えるインスリンが出て、血糖値が下がりすぎるのだ。

血糖値が下がりすぎると、お腹はまだ満腹なのに、脳はエネルギーが足りないと判断して空腹感を促してしまう。この偽りの空腹感にダマされてしまうとまた何か食べたくなり、オーバーカロリーにつながり、太りやすい体内環境になる。これではあまりに残念だ。

ファットアダプトでたんぱく質と脂質を摂ると食欲が正常化するから、お腹いっぱい食べても、活動で使ったエネルギーに見合った分にしかならない。糖質の摂取を適正化して血糖値の乱高下を抑えると、インスリンの出すぎが避けられるから体脂肪の分解がノンストップで進み、体脂肪の過剰な蓄積が起こらない。こうしてファットアダプトを行うと、太った人は適正な体重と体脂肪量まで落ちてくる。

ファットアダプトのメリット⑥
危険な酸化ストレスが避けられる

筋肉の変化、メンタル面での安定、肌のコンディション、減量効果といったファットアダプトによるポジティブな変化は1か月ほどで自覚できるようになる。何事にも個人差はある。2週間で実感できる人もいれば、1か月以上かかる人もいるだろう。

こうした実感は必ずしも伴わないけれど、長い目で見るとファットアダプトはカラダに大きな恩恵をもたらしてくれる。

それは**酸化ストレスが避けられる**ことだ。

酸化とは、酸素でモノが錆びること。雨ざらしの自転車が錆びるのと同じ原理だ。とくに酸化の力が強いのが、体内で発生する有害な活性酸素。

僕たちは酸素を取り込んでエネルギーを生み出している。この酸素のうち2〜3%は、活性酸素に変化する。活性酸素による酸化は細胞や遺伝子にダメージを与えて、知らない間に僕たちのカラダを蝕む。がん、心臓病、脳卒中といった病気の背景には、活性酸素による酸化が隠れている。

体内には酸化の害を避けるために酵素が用意されている。これを抗酸化酵素と呼ぶ。ストレスなどがあると活性酸素による酸化は進みやすいが、抗酸化酵素の働きは加齢とともに落ちる傾向がある。こうして酸化と抗酸化のバランスが崩れてしまい、酸化が進みやすくなったのが酸化ストレスだ。

僕のようなアスリートは運動中に酸素をたくさん吸っているから、それだけ活性酸素も生じやすい。酸化ストレスをどう避けるかはアスリートにも切実な課題である。

この酸化ストレスを避けてくれるのが、ファットアダプト。そこでも有効なのはやはり血糖値の安定である。

血糖値が乱高下する血糖値スパイクで酸化ストレスが増えるのは、医学界ではよく知られている常識らしい。**ファットアダプトでは血糖値スパイクは最小限に抑えられるから、**

酸化ストレスの害が避けられる。

ファットアダプトによる細胞膜の変化も、酸化ストレスを減らすのに一役買う。

細胞内で活性酸素がいちばん多く発生するのは、ミトコンドリア。ミトコンドリアは、酸素を使って細胞の活動エネルギーを作り出している発電所のような存在だ。酸素を大量に消費する分だけミトコンドリアでは活性酸素が生じやすい。

ミトコンドリアもやはり細胞膜で包まれている。ファットアダプトで良質なアブラを取り入れるとミトコンドリアの細胞膜の性質が変わり、活性酸素も発生しにくくなる可能性がある。これもまた酸化ストレスの軽減にプラスになる。

第2章

ファットアダプトとの出会いと広がり

シェフからのメールがすべての始まりだった

「序章」で触れたように、ファットアダプトはアスリートである長友佑都、シェフの加藤超也、ドクターの山田悟という3名がタッグを組んで生み出したものだ。

その始まりは加藤シェフからの1通のメッセージだった。ここではファットアダプトがどうやって生まれて、どのように広がっているかを詳しく語りたい。

そもそもシェフがアスリートの食事に関心を持つようになったのは、勤務していた横浜のイタリア料理店に、横浜F・マリノスでプレーしていた中澤佑二さんがよく食事に来ていたのがきっかけだという。中澤さんとは2010年のワールドカップ南アフリカ大会で、同じ日本代表としてプレーした思い出がある。

シェフはこう振り返る。

「その頃の私には栄養に関する知識はあまりなく、素材の持ち味を最大限に引き出す調理法でお客さんに美味しく食べてもらい、ハッピーになってもらいたいという考えでいました。ところが、ある日来店した中澤さんを接客したところ、肉のソテーでは部位まで細かく指定が入り、サラダにはドレッシングをかけずにオリーブオイルと塩で出してくれという指示がありました。中澤さんは、ゴールキーパー以外のフィールドプレーヤーとしてＪ１リーグ１９９試合連続出場、同１７８試合連続フルタイム出場という歴代１位の記録を持っている選手。食への徹底したこだわりがありました。アスリートのカラダを作っているのは食事。トップアスリートの食へのこだわりを目の当たりにして、食でアスリートをもっと強くするサポートができるシェフになりたい。そういう思いが強くなり、３年ほど一人で準備を続けてきました」

そんな中、２０１６年早春、シェフは僕がＳＮＳにアップした食事の写真とコメントを偶然目にして、自身が３年あまり勉強してアスリートに必要な食事だと思っていたことを僕がすでに実践している事実に驚いたという。

この時期、僕は試行錯誤しながら自分に合う食事法を作り上げている真っ最中だった。シェフが僕のＳＮＳをスマホで見かけたのは、レストラン勤務を終えて終電で帰宅する途中だったとか。彼は慌てて同じＳＮＳのアカウントを取得。夜中の３時に僕宛にダイレクトメッセージを送ってきた。そこには、自らの簡単なプロフィールの他、「アスリートをサポートするシェフとして活動できるなら、いますぐ世界中どこへでも駆けつけて支援する覚悟があります」という熱の入ったメッセージが書かれていた。

僕はそのときミラノのインテルでプレーしていた。日本の夜中3時はミラノの夜20時。僕はちょうど夕飯を終えた時刻だった。

僕のアカウントには毎日数多くのメッセージが寄せられる。なかでもシェフのメッセージから僕はあふれるような情熱ともっと成長したいという気持ちを感じた。どちらも僕がいちばん大切にしていることだから、マネージャーに頼んですぐ返事をしてもらった。シェフは返事が来ることは絶対にないと諦めていたから、僕から返事があったときに何かの間違いだと思って一度スルーしたそうだ。

僕がシェフに真っ先に確認したかったのは、「アスリートなら大勢いる。それなのに、なぜサポートしたいアスリートが長友なのか」という点だった。

それに対してシェフは次のように答えてくれた。

レストランにお客様として来店されるアスリートのサポートをして食事の大切さを伝えられたとしても、その数は1年間で多くて十数人。生涯を費やしても1000人にメッセージが届くかどうかというレベルにすぎない。

「僕は食の力がアスリートのコンディションを大きく変えるということを一人でも多くの人に知ってもらいたい。だから世界的にも知名度と影響力がある長友さんでないとダメなんです」と熱っぽく語ってくれたのだ。

〝料理面接〟を経て専属シェフとしてイタリアへ来てもらう

「世界中どこへでも駆けつけて支援する覚悟があります」というシェフの提案は、絶好のタイミングで僕のハートを射貫いた。

僕が明治大学在学中に日本でプロ選手としての道を歩み始めた最初の舞台は、FC東京。2年半の寮生活を送り、管理栄養士さんが作る食事を食べていた。

その後単身イタリアへ渡ると、チームのクラブハウスでの食事以外は、ほとんど外食で済ませるようになる。さすが美食の国、イタリアは何を食べても美味しい。毎日のようにパスタやピザを食べるようになり、珍しく体重が増えてカラダが重たくなった。ヘビーな食事が続いて胃腸も疲れてしまった。

外食オンリーではいけないとわかっていても、海外で自炊するハードルは高い。ハードな練習や試合をこなした後、疲れたカラダで買い出しに行って料理を作り、後片付けまでする……。それはとても無理だった。

結局、見るに見かねた姉の麻歩が日本からイタリアにやってきてくれて、食事の面倒を見てくれた。これでイタリアにいながらにしてご飯に味噌汁という長年慣れ親しんだ和食が食べられるようになる。

長友家では働きに出ていた母に代わり、料理を作るのは麻歩の担当だった。明治大学時代も、食事を作ってもらっていた。その麻歩も結婚と出産を経験して家族を持った。いつまでも甘えるわけにはいかない。

不調を克服してパフォーマンスを引き上げるには、食という新たに見つけたブルーオーシャンをとことん追求する他ない。そう思っていた矢先にシェフからのメッセージが届いたのだ。これは運命的な出会いだと直感してぜひシェフに会ってみたいと思った。

僕はシェフと国際電話で話して専属シェフ就任の意志を改めて確認し、マネージャーの帰国時に本人と会ってもらった。食に対する考え方のベクトルは僕とほぼ同じだったし、本人に会ったマネージャーも人柄を評価していた。

どんなに考え方に共感できて人格者だったとしても、肝心の料理が美味しくなかったら、専属シェフを務めてもらうわけにはいかない。シェフに会い、作った料理を実際に食べてから最終的に判断したい。そう考えてセリエAのシーズンが終わるのを待ち、日本に僕が帰国するタイミングで〝料理面接〟を行った。

キッチンが必要だから滞在先のホテルに来てもらうわけにはいかない。だから都内某所にマンションを借り、日時を指定してシェフに来てもらう段取りを整えた。

シェフは食材を山のように抱えてやってきた。僕の第一印象は「爽やか。肌がキレイ。そしてかなり緊張している」というものだった（シェフはのちに「最初の面接が最終面接のようなもの。人生でいちばん緊張した」と語っている）。

それでもシェフは慣れた手つきでテキパキと準備を完了。前菜で初めに3種類のスープが出た。いまでもよく覚えている。枝豆のスープ、トウモロコシのスープ、そしてタマネギのスープだった。このスープを口に含んだ瞬間、僕の心のなかではOKだという確信が持てた。味付けは水と塩とオリーブオイルだけなのに、食材の滋味が十二分に引き出されてびっくりするほど美味しく、細胞の隅々までエネルギーが染み渡ったのだ。
そのうちの一つであるタマネギのスープはあまりに美味しかったので、のちに僕の結婚式でも提供してもらった。この結婚式には僕がお世話になった方が大勢いた。その方々に僕の大好きなシェフのスープを振る舞えたのは、とても幸せだった。

2人のキャッチボールで徐々に食事法が固まってくる

専属シェフになってもらうにあたり、シェフに僕がお願いしたのは次の5点だ。

1：糖質を1食20～40gにする。
2：グルテンフリーのパスタや小麦粉を使う。
3：白砂糖や添加物をなるべく使わない。
4：たんぱく質をしっかり摂る。
5：野菜はオーガニックなものを使う。

ただし、試行錯誤のすえ、現在では「1」の**糖質は1食40～60g**、「2」の**グルテンフ**

リーにはこだわっていない。

僕はシェフにすべて丸投げしていたわけではない。気になるところはどんどん質問して食材や栄養素への理解を深めようとした。

専属シェフを付けたいと考えたのは、「世界一のサイドバックになる」という僕の夢を叶えるため。美味しかったら何でもOKというわけにはいかない。食べたものがカラダにどんな影響を及ぼすかを知り、納得して食べたいのだ。

たとえばマグロのソテーが出てきたら、食べる前になぜタイではなくてマグロなのかをシェフに尋ねた。するとシェフは「同じ魚でも、赤身と白身では栄養素が異なる。赤身のマグロには血液中で酸素を運ぶために必要な鉄分や酵素がタイよりも多く含まれている」と答えてくれた。

あるいはルッコラのサラダが出てきたら、なぜキャベツではなくルッコラなのかという質問を投げかけてみる。それに対して、「ルッコラはキャベツよりβ-カロテンやビタミンEといった抗酸化作用を持つビタミンが多い。酸素を大量に吸った試合の翌日は酸化ストレスが溜まりがちなので、こうしたビタミンで抗酸化作用をアシストしたい。だからルッコラなのです」といった答えが返ってきた。

その場で即答できない場合でも、「明日の夕飯までに調べておきます」と言ってちゃんとそれまでに納得できる答えを返してくれた。

アスリート目線とシェフ目線でキャッチボールを続けているうちに、食事もより洗練されて焦点が合ってきた。しばらくすると僕が質問をする機会もめっきり減った。それは僕とシェフの食事に対する知識と意識が同じレベルになり、向かっていくベクトルが完全にシンクロしてきた証拠である。

僕の快調ぶりを目の当たりにして食に興味を持つ若手が増える

2016年以降、僕はサッカー選手にとっての食の重要性を強く感じるようになった。専属シェフにしろ、ファットアダプトにしろ、もっと若いうちからやっておけば良かったとの思いが強いから、若い選手には食の大切さを機会を見つけて伝えている。

後輩たちも代表合宿のときなど、僕に食事について尋ねる機会が増えた。ワールドカップのロシア大会での好調ぶりや、肺気胸からスピーディに回復してアジアカップに出場した姿を目の当たりにした若い代表選手たちが、「長友さんはコンディション作りのために何か特別なことをしているのですか？」とストレートに聞いてくるのだ。

別に隠すようなことではないから、彼らには「食事の改善をしているよ」と率直に伝えている。若い選手がトレーニングと食事をもっと極めて伸びてくれることで、日本代表全体のチーム力の底上げにつながってほしい。そういう願いもある。


代表合宿の食事の席で、栄養の話になるときもある。

シェフからの助言で僕は水を飲むときは必ずレモンを搾っている。レモンには抗酸化作用を持つビタミンC、疲労回復効果が期待できるクエン酸、余分なナトリウムを排泄してくれるカリウムなどの栄養素が含まれているからだ。

搾ったレモン汁から一度に摂れる栄養素はたかが知れているかもしれない。だが、水は1日に何度も飲むもの。そのたびにレモンを搾っていたら、長い目で見ると抗酸化作用や疲労回復効果に差が付くに違いない。僕はそう思っている。

事前にレモンをくださいと伝えておいたので、代表合宿の食事の席では僕の席にだけカットしたレモンが置かれていた。ところが、同じテーブルで食事をする若い選手たちに、レモンを搾る理由を語ったところ、彼らも真似てレモンを搾るようになった。最終的には僕と同席する選手たち全員にレモンが付くようになった。

代表合宿の食事は好きなものを選んで取れるビュッフェ形式。決まったアイテムがセットされている定食スタイルに比べると、ファットアダプトが格段に実行しやすい。そして僕がどんな食材をなぜ選ぶのかが若い選手にも伝えやすい。

ヨーロッパのチームに所属している選手には、「もっと詳しい話をシェフから直接聞きたい！」と熱心に頼んでくる若手もいる。そういうときは時間を見つけてシェフに現地まで足を運んでもらい、即席の〝出張講義〟をしてもらう。国によって手に入りやすい食材と手に入りにくい食材があり、ファットアダプトの実践にもそれぞれの土地に応じて臨機応変の工夫が求められるからだ。

香川選手と本田選手にも、専属シェフがいる

若手ばかりではない。僕と仲の良い同世代のベテランでも、食事に気をつける選手が増

えてている。

３歳歳下で親友の香川真司も、ドイツ・ブンデスリーガのドルトムントにいる頃から、日本からシェフを呼んで料理を作ってもらうようになっている。

真司は２０１９年にドルトムントから期限付きで、僕と同じトルコ・スュペル・リグの強豪ベシクタシュＪＫに移籍している。

ガラタサライＳＫもベシクタシュＪＫもイスタンブールが本拠地だから、一緒にご飯を食べる機会もある。その席でも「やっぱりトレーニングだけではなく、食事が大事だよね」という話はよくするようになった。


面白かったのは、盟友・本田圭佑の反応だ。

圭佑は僕と同い年。しかも僕がミラノのインテルでプレーしているとき、同じミラノを本拠とする永遠のライバル・ＡＣミランで10番を背負ってプレーしていた。

互いのサポーターたちが熱くなるミラノダービーでは宿敵同士だが、プライベートでは変わらず親しくしていた。

ミラノにシェフを呼んで本格的な食事改善を始めた頃、圭佑とご飯を食べたことがある。

そこで専属シェフの話をしたら、圭佑は笑いながらあの関西弁でこう言った。

「そんなに食事にこだわっても、何も変わらへんって。大丈夫やから。何でも出されたものを食べておけばいいんや」

このフレーズはいまでもよく覚えている。

圭佑とミラノで食事をすると、僕が厨房に頼み込んで魚を出してもらったり（ミラノは内陸都市だから新鮮な魚は手に入りにくい）、パスタをパスしたりしていたのを尻目に、塩とオリーブオイルビアンコ・パスタ、鶏肉、野菜サラダ、フルーツという定番の食事を食べ続けていた。それは彼なりの食事哲学に基づいていたのだろう。安易にルーティンを変えない態度もアスリートには求められるケースがある。

でも、気づいたら、いつの間にか、圭佑も専属シェフを付けていた。「食事にこだわっても、何も変わらへん」と言っていた彼も、食事がアスリートのパフォーマンスに与える影響を実感したのだろう。

サッカーのプレースタイルが一人ひとり違うように、食事への向き合い方も十人十色。正解は一つではない。僕はそれでいいと思っている。それでも真司と圭佑という戦友が、専属シェフを付けていることが心底嬉しい。彼らが少しでも現役で活躍する時間が長くなるに違いない。そう確信できたからだ。

ドクターの指摘を踏まえてファットアダプトが完成へ

２０１６年から僕とシェフが二人三脚で進めてきた食事改善に、１年ほどして頼もしい援軍が加わった。それがドクターこと山田悟氏だ。

ドクターは北里大学北里研究所病院の糖尿病センター長を務める傍ら、「食・楽・健康協会」を主宰しており、緩やかな糖質制限である「ロカボ」を提唱している。

ロカボとは、ローカーボ（低糖質）から転じた言葉。具体的には、１食20～40ｇ＋間食10ｇ＝１日70～１３０ｇの糖質摂取をしながら、それ以外のカロリー、たんぱく質、脂質を制限しないという食事法。骨子はファットアダプトとほぼ同じである。

食事改善を始めるにあたって、ドクターの本は当然読んでいた。糖質を制限するなら、徹底的にやった方がいいのか、それともロカボのような緩やかな制限でいいのか。正直、答えが出ていなかった。

そんな最中、ドクター本人からコンタクトがあって僕はびっくりした。共通の知り合いを介して、ドクターサイドからアプローチがあったのだ。

シェフと同じようにドクターも僕がＳＮＳで発信する食事の写真やコメントをチェックしてくれていた。そこで「これは医学的にエビデンス（科学的根拠）があるからいい。こちらはエビデンスがないから止めた方がいい」ときめ細かな指摘をしてくれた。ドクターからの指摘でよく覚えているのは、グルテンフリーパスタとマヌカハニーに関するものだ。

イタリアでジョコビッチ選手の食事法を試している頃、僕はグルテンフリーをやってみていた。グルテンとは、小麦や大麦やライ麦などに含まれるたんぱく質の一種。ジョコビッチ選手はグルテンに過敏でアレルギー反応が出やすいグルテン不耐症であり、グルテンを含まないグルテンフリーの食事で調子を取り戻したという。

イタリアにもグルテン不耐症の人は少なくないようで、グルテンフリーのパスタは数多く出回っていた。それを僕も食事に取り入れていたのだ。

グルテンフリーのパスタには通常の小麦粉の代わりに、グルテンを含まない米粉やトウモロコシ粉が使われている。ドクターからは「グルテン不耐症でない人がグルテンフリーにする意味はないし、グルテンフリーのパスタは普通のパスタよりも血糖値を上げやすい。血糖値を上げにくい全粒粉パスタを少量食べた方が、ファットアダプト的にはポジティブです」という指摘を受けた。

一方のマヌカハニーとは、ニュージーランドの特産品。現地に自生するマヌカという植物の花蜜から作られた貴重なハチミツである。マヌカハニーには抗菌成分が多く含まれており、ニュージーランドや隣国オーストラリアでは医療の現場でも用いられているとか。僕も体調管理にマヌカハニーを使っていた。

しかしドクターからは「マヌカハニーもハチミツには違いない。血糖値を急激に上げるブドウ糖も多く含まれているから、本格的にファットアダプトをするなら、できるだけ使用を控えた方がいい」というアドバイスを受けた。

マヌカハニーに関しては、前著の『長友佑都の食事革命』（マガジンハウス刊）でも取り上げている。マヌカハニーのメリットを全否定するつもりはないが、そのときより摂取量を抑えていることはこの場を借りてお伝えしたい。

加えてドクターが教えてくれたのは、ファット・アダプテーションに関するエビデンスの数々。日本ではあまり知られていないけれど、海外ではファット・アダプテーションは学術論文のレベルで正当性が議論されている食事法である。

そこで「アスリートがファットアダプトを実践すると、パフォーマンスが上がるというエビデンスがある」とドクターに教えられた（197ページ参照）。

何が正解かがよくわからない五里霧中のなか、シェフと手探りで続けてきた食事改善に、ドクターがエビデンスというナビを授けてくれた。そしてドクターのエビデンスに基づく理論をシェフが理解し、いわば良き翻訳者となってアスリートとして僕が求める食事に落とし込むという最強のスタイルが出来上がった。

腕利きのシェフとドクターが味方に付いてくれたらまさに鬼に金棒。こうして僕の食事はさらなる進化を続けて、ファットアダプトが完成したのである。

第3章

ファットアダプトの3大基本ルール

ルール1

糖質の摂取量をコントロールする

ここから話はいよいよ核心に入る。脂質代謝への適応＝ファット・アダプテーションを起こすためのファットアダプトの鉄則をまとめてみたい。

ファットアダプトには全部で7つのルールがある。なかでも大事な3つの基本ルールについてこの章で説明する。

初めに行いたいのは**糖質の摂取量のコントロール**だ。

ファット・アダプテーションを改めて定義すると、次のようになる。

「血糖値の乱高下を抑えて、脂質も糖質も過不足なくエネルギーとして使える状態」

そんなファット・アダプテーションを起こすためには、**脂質を上手に使うために糖質を摂りすぎない**ことが肝心になる。

大切な事実だからあえて繰り返そう。カラダのエネルギー源になるのは、糖質、脂質、たんぱく質の３大栄養素。

このうちたんぱく質は筋肉などのカラダを作る役割の方が優先なので、通常はエネルギーとして用いられない。スポーツ時などは、筋肉を作っているたんぱく質がアミノ酸に分解されてエネルギー源となるが、その割合は決して高くない。だから、シンプルにいうと、エネルギー源は糖質と脂質だ。

糖質と脂質は体内ではつねに一緒に使われている。その利用率は、どのくらいの強度で活動しているか、つまり活動強度で変わる。

日常生活のように、活動強度が低いときは、脂質がメインに使われている。

ビジネスパーソンが朝起きてバスや地下鉄でオフィスまで行き、デスクワークをこなして帰宅する。あるいはお母さんが朝子どもを保育園まで送り、パートタイムで働いてから、夕飯の買い物をして子どもを迎えに行く。こうした日常生活では、基本的に脂質がメインのエネルギー源になっている。

スポーツ時のエネルギー源も、大半は脂質でまかなわれている。マラソンやトライアスロンのようなスポーツでも、そしてサッカーでも、主要なエネルギー源は脂質だ。

糖質が盛んに使われるのは、活動強度が跳ね上がったとき。筋トレで重たいウェイトを急に上げたり、全力で短距離ダッシュをしたりする瞬間である。サッカーでも、僕が全力ダッシュで左サイドを駆け上がるときは糖質の利用率が上がる。

つまりごく一部の例外を除くと日常生活でもスポーツでも脂質がメインのエネルギー源。脂質をいかに効率的に使うかがポイントである。

日常生活で脂質を上手に使えないと、余った分は体脂肪として蓄積される。それが日々積み重なると肥満を招いてしまう。スポーツ選手は脂質をうまく使えないとパフォーマンスが落ちる。持久力がなくなり、スタミナ切れを起こすのだ。

糖質を減らして、脂質の摂取量を増やすと、活動強度が低いときには脂質がよりエネルギー源になりやすい。ファット・アダプテーションが起こりやすいのだ。逆に糖質を摂りすぎると、活動強度が低いときでも、脂質がエネルギー源になりにくくなる。

メカニズムは次の通りだ。

脂質は、体内では脂肪細胞に中性脂肪として収められている。これがいわゆる体脂肪の正体だ。皮下に集まった脂肪細胞に貯められているのが、皮下脂肪。内臓のまわりに集まった脂肪細胞に貯められているのが、内臓脂肪である。

皮下脂肪も内臓脂肪もつねに分解されており、それが筋肉などのエネルギー源として利用されている。

食事から糖質をたくさん摂ると、この体脂肪の分解がストップする。すでに触れたように糖質を大量に摂ると血糖値が上がり、すい臓からインスリンがどっと出てくる。インスリンは筋肉や肝臓などに血糖を取り込ませて血糖値を下げると同時に、脂肪細胞で続いている体脂肪の分解をストップさせる。そればかりか、インスリンは血糖値を下げるために、血糖を脂肪細胞に取り込ませて中性脂肪に変えてしまう。


糖質の摂取を減らすと脂質を使いやすくなるメカニズムはこうだ。

体内には血中で酸素を運ぶ赤血球や脳細胞（神経細胞）のように、糖質を優先的に使っている細胞がある。ことに赤血球は糖質しか使えない。脂質を使うには細胞内のミトコンドリアという器官が欠かせないが、赤血球はミトコンドリアを持たないのだ。赤血球だけで1時間におよそ2gの糖質が必要とされている。

糖質の過剰摂取を抑えて脂質を増やすと、脂質を使えない赤血球や神経細胞のように糖質を好む細胞に糖質が優先的に回るようになる。その分だけ、筋肉などの他の細胞では脂質が燃えやすくなるのだ。

その① 体質に応じて1食あたりの糖質摂取をコントロール

脂質を優先的に代謝するファット・アダプテーションを起こすためには、どの程度までの糖質なら摂っていいのか。

それは糖質を含む食事をした後の血糖値の上がり具合、食後血糖値で決まる。

糖質の摂取量による血糖値の上がり方は、個人差がとても大きい。糖質をたくさん摂っても血糖値がさほど上がらないタイプもいれば、少量の糖質でも血糖値がうんと上がるタイプもいるのだ。

食事に含まれている糖質は、体内ではブドウ糖としてやり取りされている。血糖という言葉をこれまで何度も使ってきたが、血液中のブドウ糖こそが血糖。１００mlあたりの血糖を血糖値と呼ぶ。

赤血球や脳細胞に限らず、血糖はあらゆる細胞のエネルギー源だから、血糖値は一定範囲内に保たれている。

食前・食後を問わない血糖値の正常値は70〜１４０mg／dℓ未満で、平均すると１００mg／dℓ前後。ドクターによると「皮膚や血管などを作っているコラーゲンを生み出す線維芽細胞も、あるいは免疫を司っている白血球も、70〜１４０mg／dℓ未満の範囲内で最適に機能できるように設計されている」そうだ。

糖質を含む食事をすると食後血糖値は上がるが、インスリンがきちんと働いていれば、１４０mg／dℓ以上になることはない。

食後の血糖値が１４０mg／dℓ以上だと高すぎる。これを食後高血糖という。食後高血糖の後、反動で血糖値が急に下がるのが、血糖値スパイクだ。食後高血糖と血糖値スパイクがセットで生じると、大量分泌されたインスリンが邪魔するため脂質の利用効率が落ち、酸化ストレスで血管が傷つく。

健康診断で測るのは、12時間以上絶食したときの空腹時血糖。これは１００mg／dℓ未満が正常。空腹時血糖は正常でも、食後高血糖を起こしている人は少なくない。とくに、日本人を始めとするアジア人はすい臓がインスリンを出す能力が低いため、食後高血糖と血糖値スパイクを秘かに起こしている人が多いとされる。

僕はファットアダプトを始めるにあたり、どの程度の糖質摂取でどのくらい血糖値が上がるかをモニターした。「持続ブドウ糖測定（CGM）」のセンサーを2週間カラダに付け、食事をしながら血糖値を測り続けたのだ。

その結果、僕は1食あたりの糖質量が40～60gの範囲内なら、血糖値が140mg／dℓ未満に抑えられて食後高血糖も血糖値スパイクも起こらず、脂質を効率的に使うファット・アダプテーションにスイッチできるとわかった。

一部の糖尿病患者は「持続ブドウ糖測定（CGM）」が保険適応になっている。「持続ブドウ糖測定（CGM）」ができないときは、ドクターのロカボの基準を参考にするといい。念のために繰り返すと、ロカボとは糖質を1食20～40g×3回＋間食10g＝1日70～130gを目安に摂り、カロリー、たんぱく質、脂質の摂取に制限を設けない食事法。僕はロカボの基準より少し多めに糖質を摂っても大丈夫だったのだ。

その② 糖質が何にどのくらい入っているかを知っておく

ファットアダプトを実践するために、どんな食品に糖質が多く、それぞれにどのくらいの糖質が入っているかを把握しておきたい。

血糖値を上げるのは糖質のみ。同じくエネルギーになる脂質やたんぱく質は血糖値を上げない。たとえカロリーが高くても糖質が少ない食品（たとえば、サーロインステーキ）は血糖値を上げにくいが、カロリーが低くても糖質が多い食品（たとえば、素うどん）は血糖値を上げやすいのだ。

肉や魚や卵などのたんぱく源は糖質がゼロに近いから、血糖値を大きく上げない。野菜もニンジンやレンコンやユリ根といったでんぷんが多いものを除くと、糖質は少ないから血糖値を上げにくい。

糖質が多くて血糖値を上げやすい食品をチェックしよう。

日常的に食べるもので糖質が多いのは、ご飯、パン、麺類（うどん、そば、パスタ、中華麺、そうめんなど）などの穀物食品。いわゆる主食である。ラーメン＋丼ご飯、うどん＋いなり寿司といったダブル糖質などで食べすぎないようにしたい。

次に糖質が多いのは、お菓子全般。和菓子も洋菓子も糖質過多だ。

僕は子どもの頃から甘い物が大好き。イタリアで外食する際には、必ず食事の最後にドルチェを頼んでいた。その食習慣は、知らない間に僕の体内で脂質を使いにくくしていた一因だったのだ。

お菓子は俗に「エンプティカロリー」と呼ばれる。カロリーがエンプティ（ない）という意味ではなく、カロリーばかりで栄養がエンプティという意味。甘い物を食べるとホッと落ち着くから、心の栄養にはなるが、ファット・アダプテーションを起こしたいなら、食べる量をセーブしたい。

洋菓子や和菓子に含まれている糖質はおもに砂糖であり、主食の糖質はでんぷん。砂糖の方がでんぷんよりも血糖値を上げるスピードが速く、食後高血糖と血糖値スパイクを起こしやすい。ポテトチップスやせんべいのように甘くないスナック菓子には、砂糖の代わりにでんぷんが含まれるが、糖質量もそれなりに多いから食べすぎはＮＧだ。

甘い飲み物にも糖質はたっぷり含まれている。

スポーツドリンクや清涼飲料水のなかには、10％の濃度で砂糖などの糖質を含んでいるものがある。５００ml入りのペットボトルで50ｇ、スティックシュガー約16本分もの糖質が含まれる計算になる。これでは血糖値の急上昇は避けられない。砂糖ばかりで栄養に乏しい清涼飲料水もエンプティカロリーだ。

飲み物は無糖のミネラルウォーター、炭酸水、お茶、ハーブティーなどに切り替えたい。前述のように僕が普段飲んでいるのはミネラルウォーターにレモンを搾ったもの。レモン汁にも糖質は含まれるが、ごく少量だから血糖値を押し上げることはない。

コーヒーや紅茶もブラックかストレートで飲もう。イタリア人は「人生はほろ苦いから、エスプレッソくらいは甘く」とエスプレッソに砂糖を何杯も入れる。苦いエスプレッソに砂糖の甘みはマッチするが、ファット・アダプテーションを起こしたいなら飲みすぎ&入れすぎは避けたい。

清涼飲料水には、甘みはあるのにカロリーも糖質もほぼゼロというゼロ系飲料が増えてきた。ゼロ系飲料には賛否両論あるけれど、ドクターによると安全な人工甘味料を使っているものは血糖値にも影響を与えず、健康にも害はないそうだ。

イモ類と果物にも糖質は多い。

イモ類と果物には、糖質以外にもビタミンやミネラル、食物繊維といった栄養素が含まれている。お菓子のようなエンプティカロリーではないけれど、食べすぎないようにしたい。サツマイモ、ジャガイモ、里芋といったイモ類の糖質はでんぷん。その点では主食に似ているし、量的にも十分だから、穀物の代わりにイモ類を主食にしている人びともいる。ご飯やパンなどの主食から糖質を摂っているなら、イモ類の摂取はなるべく控えた方が良さそうだ。

果物の糖質は、果糖やブドウ糖など。このうち果糖は血糖値を上げにくいのだが、肝臓で中性脂肪に変わりやすい。とくに果物ジュースは喉越しが良くてコップ1杯くらいはゴクゴクと一気に飲める。すると果糖などの糖質が一度にどーんと入ってくるから危険。生の果物なら、食物繊維が入っているので、その効果で血糖値の上昇は緩やかになるが、市販の果物ジュースには食物繊維はほとんど含まれていない。果物はジュースではなく、極力生で食べるようにしたいものだ。

果物で例外的に糖質が少ないのはアボカド。1個で糖質1・5g程度であり、代わりに〝森のバター〟と呼ばれるくらい脂質が多い。この他、ブルーベリーやラズベリーといったベリー類も糖質はそこまで多くはない。ベリー類はビタミンが多く、優れた抗酸化作用を持つポリフェノール（117ページ参照）も含まれている。だから僕は果物を食べるときは、アボカドやベリー類を選ぶようにしている。

その③　スポーツ選手にカーボ・ローディングは必要？

すでに触れたように、日常生活でも運動中でも糖質と脂質はつねに一緒に使われている。「せーの」で同時に使い始めたら、先になくなるのは糖質だ。なぜなら糖質の貯蔵量は、脂質と比べるとかなり少ないからだ。

糖質は体内ではグリコーゲンという形で貯められる。その量は肝臓に70～100g、筋肉に200～300g。糖質は1gあたり4キロカロリーだから、仮に300gのグリコーゲンがあるとするなら、1200キロカロリー分である。

脂質は中性脂肪という形で貯められている。僕のように体重68kgで体脂肪率7％と絞ったアスリート体型でも、4760gの脂質が貯められている。脂質は1gあたり9キロカロリーだから、仮に4760gの脂質があるとするなら4万2840キロカロリー分である。

カロリー換算すると、脂質の貯蔵量は糖質の36倍程度。ファット・アダプテーションで脂質を効率的にエネルギー源にすると、貯蔵量の少ない糖質の消費を節約できる。それが持久力の向上につながる。

ファット・アダプテーションが行われる以前、スポーツ界で盛んに行われていたのは、カーボ・ローディングと呼ばれるコンディショニング法だった。カーボとは糖質のこと。運動中の脂質代謝ではなく、糖質代謝に目を向けて考え出された方法である。

カーボ・ローディングでは、肝臓と筋肉に貯めるグリコーゲンを増やそうとする戦略を採る（このことからグリコーゲン・ローディングとも呼ばれる）。

古典的な方法は次のようなやり方だ。

レースや試合などの本番の7日前から4日前まで食事全体の糖質量を抑えながら、糖質を使うようなハードなトレーニングを行う。体内のグリコーゲンをできるだけ消費するのが狙いである。

次に本番の3日前から当日まで、食事全体の糖質量を増やす。

グリコーゲンが減った体内では、グリコーゲンを合成する酵素の活性が高まっている。そこへ大量の糖質を摂り、グリコーゲンの貯蔵量をV字回復させる作戦だ。これで肝臓と筋肉のグリコーゲン量は最大2倍にも増えるとされる。

古典的な方法は糖質量を抑えながら高強度の運動を行うため、体調を崩す恐れがある。そこで考え出されたのが、次のような改良法だ。

改良法では、本番7日前から4日前まで通常の食事を行い、トレーニング量を徐々に減らしていく。次に本番の3日前から当日まで、食事全体の糖質量を増やす。こうすると、グリコーゲンの浪費を抑えながら、グリコーゲンがローディングできる。

カーボ・ローディングでは糖質の貯蔵量は増やせるが、見過ごされている弱点がある。糖質の摂取を増やすと血糖値が上がり、インスリンで脂質が効率的に使えなくなるのだ。これでは糖質の貯蔵量をいくら増やしても、持久力が高まるという保証はない。

その④　超持久系スポーツにはファットアダプトの方が有利

僕は意図的なカーボ・ローディングの経験はない。サッカーの競技時間は1ゲームで90分間だが、一般的に2時間以内に終わる運動は体内に蓄えられている通常レベルのグリコーゲンでまかなえるからだ。

山田ドクターに聞いたところ、現状のスポーツ界で、カーボ・ローディングを盛んに行うのはマラソンランナーたち。

フルマラソンはエリートランナーでも2時間10分前後、市民ランナーで3〜4時間かけて行われる。市民ランナーが多く参加するレースでは、大会前夜の記念イベントとしてパスタを山盛り食べるカーボ・ローディング・パーティが行われることもある。

日本人のように食後高血糖を起こしやすい体質のランナーが、カーボ・ローディングを行うのは危険。

本番の3日前から当日まで高糖質の食事を行うと、食後高血糖と血糖値スパイクが起こりやすい。そしてカーボ・ローディングのたびにすい臓からインスリンが大量分泌される。肝臓と筋肉に糖質をグリコーゲンとして貯めるのも、インスリンの働きだからだ。

一生に一度の思い出作りにフルマラソンに出るというなら害は少ないが、ランニングにハマって1年間に何回も大会に出るようになり、そのたびにカーボ・ローディングを行っているとすい臓が疲れてしまい、インスリンを出す力がダウン。その結果、血糖値が下げられなくなる糖尿病になるリスクだって考えられる。

フルマラソン以上に長時間運動し続ける超持久系の競技もある。トライアスロン、ウルトラマラソン、トレイルランニングなどである。

これらの超持久系のアスリートの間では、リスクのあるカーボ・ローディングに代わり、ファット・アダプテーションが脚光を浴びている。

トライアスロンとウルトラマラソンの競技者たちに集まってもらって行われた研究では、カーボ・ローディングを行ったグループと、ファット・アダプテーションを行ったグループを比べても、筋肉のグリコーゲン貯蔵量に差はなかったそうだ（１９４ページ参照）。

筋グリコーゲンの貯蔵量に差がないなら、脂質が効率良く代謝できるようになるファット・アダプテーションを起こした方が超持久系スポーツには断然有利。このことから海外を中心にファット・アダプテーションに取り組むアスリートが増えている。

ルール2

油脂《アブラ》に対する理解力を高め、良質な油脂《アブラ》を選ぶ

自分にとって最適な糖質量を知ったら、次に気にするべきは脂質の摂り方だ。

脂質についてはファットアダプトを始めるにあたり、僕もかなり勉強した分野だ。ファット・アダプテーションを起こしたいなら、アブラに対する理解力を高めておきたい。

食べる脂質には、牛肉の霜降りや豚肉の脂身のような固形の脂と、植物油や青魚のような液体の油がある。これをまとめて「油脂」と呼ぶ。ここではアブラとしておこう（この他、食べる脂質にはコレステロールがある。それについては後述する）。

アブラは3個の脂肪酸と1個のグリセロールが合体したもの。その性質を決めているのは脂肪酸である。脂肪酸の性質からアブラは次のように分類できる。

1：飽和脂肪酸
2：オメガ9脂肪酸

３：オメガ６脂肪酸
４：オメガ３脂肪酸

どうだろう。どれも一度はどこかで見聞きしたことがある言葉ではないだろうか。それでも混乱しやすいから、簡単に整理しよう。

飽和脂肪酸は、牛肉、卵、バターといった動物性食品に多いもの。ココアバターやココナッツオイルといった植物性食品にも含まれている。ステアリン酸、ミリスチン酸、パルミチン酸などがある。

オメガ9脂肪酸は、オリーブオイルの主成分であるオレイン酸が代表的なもの。アボカドに含まれる脂質もおもにオレイン酸だ。

オメガ6脂肪酸は、紅花油や大豆油やゴマ油といった植物油に多いもの。リノール酸がその代表格である。

オメガ3脂肪酸は、サバやイワシやアジといった青魚の魚油、エゴマ油やアマニ油などに含まれている。α-リノレン酸、エイコサペンタエン酸（EPA）、ドコサヘキサエン酸（DHA）などがある。

オメガ6脂肪酸のリノール酸、オメガ3脂肪酸のα-リノレン酸は体内で合成できないため、食事から取り入れるべき必須脂肪酸。EPAとDHAはα－リノレン酸から合成されるが、必要量を満たせないため、必須脂肪酸に準じる扱いを受ける。

ややこしいが、僕らが食べる食品にはこれらの脂肪酸がミックスされている。

牛肉のアブラは飽和脂肪酸のみで構成されているわけではない。オリーブオイルに多いオレイン酸が全体の40％前後を占める。逆にオリーブオイルにも10％ほどの割合でステアリン酸やパルミチン酸といった飽和脂肪酸が入っている。ゴマ油はリノール酸が44％といちばん多いものの、オレイン酸が40％、飽和脂肪酸が15％含まれる。

だからドクターは「アブラを含む食品を好き嫌いなく食べていれば、4大脂肪酸がまんべんなく摂れるようになる」とアドバイスしてくれる。

僕がとくに気をつけて摂っているのは、オメガ9脂肪酸が豊富なオリーブオイル、オメガ3脂肪酸がリッチな青魚、エゴマ油、アマニ油だ。

オリーブオイルを選ぶときはオリーブの実を絞っただけで加熱も加工もせず、酸化度が少ないエキストラバージンタイプを選ぶようにしている。オメガ3脂肪酸は、体内で炎症作用を抑える働きがある。体内で慢性的に炎症が起こっているとアレルギー疾患に罹《かか》りやすいとされる。オメガ６脂肪酸は必須脂肪酸だが、多くの食品に含まれているのでとくに意識して摂らなくても大丈夫だ。

その① 避けるべきなのは、酸化したアブラと人工的なアブラ

ファットアダプトではアブラの積極的な摂取を勧めているが、なかには徹底的に避けたいアブラもある。それが酸化したアブラと人工的なアブラだ。

酸化したアブラは、過酸化脂質と呼ばれている。過酸化脂質が体内に入ると酸化ストレスが増えて細胞や遺伝子を傷つける。

過酸化脂質という言葉は耳慣れなくても、案外摂取する機会は多い。

たとえば、揚げて時間が経った唐揚げやフライドポテトといった揚げ物は酸化が進み、少なからず過酸化脂質が含まれている。

ファットアダプトはトンカツや唐揚げといった揚げ物を否定しない。脂質とたんぱく質が摂れるし、トンカツ１枚で10ｇ、唐揚げ１個で１ｇ程度の糖質しか入っていないからだ。

でも、それは酸化の心配がない揚げたてのアツアツのものに限る。

加熱に強く揚げ物に使っても酸化されにくいのは、飽和脂肪酸。老舗トンカツ店が揚げ油にラードを好んで使うのは、ラードの40％ほどが飽和脂肪酸だからだ。家庭ではラードは使いにくいだろうから、比較的酸化されにくいゴマ油、紅花油、菜種油、コーン油などの植物油で揚げるといい。オレイン酸が主成分のオリーブオイルも酸化されにくいが、揚げ物のような高温調理には向かない。

オメガ3脂肪酸は摂りたいが、酸化しやすいのが難点。青魚もできれば新鮮なものを刺身かカルパッチョで食べたい。エゴマ油とアマニ油は加熱で酸化しやすいので、野菜サラダなどにかけて摂るようにしている。

人工的なアブラの代表格は、トランス脂肪酸だ。

トランス脂肪酸とは、液体の植物油や魚油を加工して半固体、または固体のアブラにしたもの。パンやケーキ、ドーナツなどに使われているマーガリン、ファットスプレッド、ショートニングなどがある。トランス脂肪酸を摂りすぎると心臓病などの生活習慣病に罹りやすい。ドクターによると、バターなどの食品にも天然のトランス脂肪酸がごくごく少量含まれているが、こちらには害はないそうだ。

海外では食品に含まれているトランス脂肪酸の表示義務や使用規制も行われているが、日本ではどちらも行われていない。食品の成分表示にマーガリン、ファットスプレッド、ショートニングと書かれていたら気をつけたい。

その② アブラを摂ると太るというのは悲しい誤解

３大栄養素のなかで脂質はもっともカロリーが高い。糖質とたんぱく質が１g４キロカロリーなのに、脂質はその２倍以上の１g９キロカロリーだ。

このことからアブラの摂取を増やすと太りやすいと思われている。それは誤解だ。糖質を適度に減らし、アブラを増やしてファット・アダプテーションが起こるとエネルギー源として脂質が使いやすくなる。つまり「アブラでアブラを燃やす」サイクルが回り、無駄な体脂肪が燃えて適正な体重まで落ちてくる。

脂質には満腹感を持続させて食欲を抑える作用もある。

その鍵を握るのは、消化管から分泌される消化管ホルモン。一度軽く触れた話題だが、より詳しく説明しよう。

食欲をコントロールするのは脳だが、消化管ホルモンも食欲と密接に関わる。なかでも、胃や腸の運動を抑えて満腹感を高めるものがある。それが「ＧＩＰ」というホルモン。**脂質は小腸などの消化管に作用してＧＩＰの分泌を促す。**

脂質は肉や魚といったたんぱく源にも含まれているが、脂質と同時に入ってきたたんぱく質は「ＧＬＰ－１」という別の消化管ホルモンの分泌を促す。ＧＬＰ－１は胃や腸の運動を抑える他、脳に作用して食欲を抑える。加えてＧＩＰとＧＬＰ－１はともにインスリンの分泌を前倒しにして、食後高血糖を抑えてくれる。

つまり脂質とたんぱく質がリッチな食事をしていれば、お腹が空くことも食欲が暴走することもないから太りにくいし、血糖値スパイクも抑えられるのだ。

ファットアダプトで脂質の摂取を増やすと総エネルギーに占める脂質由来のエネルギー（脂肪エネルギー比率）が増えてくる。

国の基準（『日本人の食事摂取基準（２０１５年版）』）では、脂肪エネルギー比率の目標量は全体の20～30％となっている。日本の成人の平均値は27％程度であり、この目標量の範囲内に収まっている。

ファットアダプトで脂質を増やすと目標量の範囲を超えるが、それに関してドクターは「何も問題はない」と断言する。ドクターによると**脂質に限らず、3大栄養素からどのような比率でエネルギーを摂るのが理想的なのかはわかっていない**そうだ。**アブラで気にするべきはあくまで質であり、量ではない。**

さらに現実に即して語るなら、たとえ理想の脂肪エネルギー比率がわかったとして、そのガイドライン通りに食事を組み立てるのは不可能。食べ物に何gの脂質が含まれているか、それが1日に摂る総エネルギーの何%を占めるのかをいちいち気にしながら、食事をするなんてできない相談だ。

理想の比率もわからず、わかったとしてもその通り実践できないなら、良質の脂質を厳選して満足するまで食べるのが正解といえる。

ちなみに**食べたアブラがそのまま体脂肪になることはない。**

体脂肪は、脂肪細胞に中性脂肪として貯められている。中性脂肪も、食べるアブラと同じく3個の脂肪酸と1個のグリセロールからなる。そうなると食べたアブラ⇒中性脂肪という直通ルートがあるように思える。でも、違うのだ。

食べたアブラは脂肪酸とグリセロールに分解されて吸収される。このうち、脂肪細胞に入れるのは脂肪酸だけ。中性脂肪＝脂肪酸＋グリセロールだから、片割れのグリセロールがないといつまで経っても中性脂肪は合成されない。

このグリセロールを作るのが、実は糖質＝血糖。

食後に血糖値が上がるとインスリンによって血糖は中性脂肪に取り込まれた後、グリセロールに変化する。食べたアブラからの脂肪酸と血糖からのグリセロールが出合い、中性脂肪が体脂肪として脂肪細胞に蓄積される。体脂肪は脂質と糖質の合作。だから、糖質の摂りすぎは体脂肪の蓄積を促進させてしまうのだ。

その③ 食べるコレステロールを気にしない

食べる脂質にはコレステロールもある。アブラの摂取を増やそうと勧めると、「コレステロールが増えるのが心配」と不安に思う人もいるかもしれない。それは杞憂《きゆう》だ。

コレステロールとは、動物性の脂質に含まれているもの。コレステロールの多い食品といえば卵である。だから「卵は1日1個まで。2個以上は食べすぎ」が常識とされてきた時期が長らく続いた。

血中のコレステロールには、ＬＤＬコレステロールとＨＤＬコレステロールがある。どちらも中身は同じコレステロールで善玉も悪玉もないのだが、ＬＤＬコレステロールは増えすぎると生活習慣病のリスクが上がることから〝悪玉〟と呼ばれる。

血中に悪玉コレステロールが増えすぎるのは避けたいが、健康な人なら食べるコレステロールで血中コレステロール値が大きく増減することはあり得ない。**卵を２個以上食べても、悪玉コレステロールは増えない**のだ。

そのことから、日本でもアメリカでも、食事から摂るコレステロールの上限値はすでに撤廃されている（ドクターによると、遺伝的にコレステロール代謝に異常がある家族性高コレステロール血症などの人は、食べるコレステロールの厳密な管理が必須らしい。家族性高コレステロール血症かどうかは、一度でも血中のＬＤＬコレステロール値を測ればわかるという。家族性高コレステロール血症ならかなり異常な値を示すからだ）。

あまり知られていないようだが、コレステロールはカラダに必須な栄養素。

脂質は体内でエネルギー源になるが、コレステロールはエネルギー源にはならない。だから運動にいくら励んでも血中のＬＤＬコレステロール値は下がらないのだが、代わりにコレステロールは体内で数々の役割を果たしている。

細胞膜は脂質でできていると説明したが、コレステロールも細胞膜の成分となっている。コレステロールは男性ホルモンや女性ホルモンといったホルモンの原料。皮下にあるコレステロールは太陽の紫外線を浴びるとビタミンＤに転換される。ビタミンＤはカルシウムの吸収を助ける他、免疫にも関わっている。

必要不可欠な存在だからこそ、コレステロールの必要量の8割ほどは、肝臓で作られている。食べるコレステロールが増えたら、肝臓で作るコレステロールの量を減らす調整が行われる。この調整が正しく働いているうちは、食べるコレステロールで血中のコレステロール値は大きく増減しない。

ルール3

たんぱく質を十二分に確保する

僕たちサッカー選手に限らず、アスリートが重点的に食事から摂らなければならない栄養素がたんぱく質だ。たんぱく質を英語で「プロテイン」という。プロテインの語源は、ギリシャ語で「第一に大切なもの」を意味する言葉だ。

たんぱく質が「第一に大切なもの」なのは、体内でエネルギーになる3大栄養素の一角でありつつ、カラダを作るというかけがえのない役割を担っているため。

カラダはほとんどがたんぱく質の固まり。カラダのおよそ60%は水分だが、残り40%の半分にあたる20%はたんぱく質。体重60kgの人なら12kg、体重70kgの人なら14kgは、たんぱく質なのである。

カラダを作るたんぱく質は10万種類に達すると聞いたことがある。運動のエンジン役である筋肉も、水分を除くとほとんどがたんぱく質。アスリートたちがつねにたんぱく質の摂取を怠らない理由である。

たんぱく質を重視するべきなのはアスリートだけではない。運動と無縁の生活を送っている人だって食事からのたんぱく質が絶対に欠かせない。なぜなら、たんぱく質は体内では完全に合成できないからだ。

たんぱく質は20種類のアミノ酸からなる。そのうち9種類は、体内では合成できない必須アミノ酸だ。たんぱく質は、この必須アミノ酸が1種類でも欠けてしまうと十分に合成されなくなる。そのあおりを真っ先に食らうのは、筋肉だ。

3大栄養素のうち、糖質はグリコーゲン、脂質は中性脂肪という形で体内に貯蔵されている。だが、たんぱく質は貯蔵できない。

しかも、筋肉は1秒も休まずに分解と合成を繰り返している。筋肉のたんぱく質はアミノ酸に分解された後、再びアミノ酸からたんぱく質が合成されるのだ。2か月もすると、筋肉の中身はすっかり入れ替わってしまう。

分解されたアミノ酸のリサイクル率が100%ならノープロブレムだが、分解されたアミノ酸の一部は肝臓などで代謝されてしまう。だから、食事からひっきりなしにたんぱく質を補っておくべきなのだ。食事に含まれているたんぱく質も、アミノ酸に分解されて体内に吸収されてから利用される。

その① たんぱく質の必要量は体重１kgあたり１・０〜２・０g

たんぱく質の１日の必要量は通常、体重１kgあたりに何gという形で決められている。本来ならたんぱく質の固まりである筋肉量を基準にするべきだろうが、筋肉量を正確に知るのは難しいので、手軽に測れる体重が基準になる。

活動量によっても必要量は変わる。運動で使うと筋肉は消耗するし、トレーニングで筋肉を鍛えると大きくなる。消耗を防いで筋肉を大きくするには、安静に暮らしているときよりも多くのたんぱく質が必要になる。活動量の違いによる必要量の目安を示そう。

活動量による１日の必要たんぱく質量の目安
・とくに運動をしていない人⇒体重１kgあたり１・０g
・運動で筋肉を大きくしたい人⇒体重１kgあたり１・６g
・激しい運動をするアスリート⇒体重１kgあたり２・０g

アスリートである僕の場合、体重1kgあたり2・0g、つまり一般人の2倍のたんぱく質の摂取が求められる。体重68kgだと1日136gのたんぱく質がいる計算だ。

たんぱく質の必要量は個人差が大きい。食事から摂ったたんぱく質がどのように代謝されるかについては体質による差があるからだ。

たとえば、筋トレで筋肉を大きくしたくて体重1kgあたり1・6g摂っても、思ったように筋肉が成長しないなら、それより摂取量を増やしてみた方がいいかもしれない。そのあたりはケースバイケース。一人ひとりが自分の筋肉と腰を据えてじっくり対話しながら、最適の量を見つけるしかない。

その② たんぱく質は何からどのくらい摂れるか

たんぱく質を摂る際も、**量だけではなく質**に目を向けたい。**筋肉などのたんぱく質は、体内で合成されない必須アミノ酸が1種類でも欠けると満足に合成されない**からだ。

たんぱく質は幅広い食品に含まれている。主食となる米には約7%、小麦には約11%の割合でたんぱく質が入っている。しかし、食品に含まれるたんぱく質のアミノ酸の組成には差があり、必須アミノ酸が足りないものもある。米と小麦は、必須アミノ酸のうち、リジンというアミノ酸が少ない。他の必須アミノ酸がふんだんにあったとしても、リジンが少ないと、たんぱく質は効率的に合成されない。

和食では伝統的に白いご飯に豆腐や味噌などの大豆食品を合わせる。これは米に不足しているリジンを大豆食品が多く含んでおり、弱点をカバーしてくれるため。ヨーロッパでは小麦粉から作るパンにバターやチーズなどの乳製品を合わせるのも、やはり小麦に足りないリジンを乳製品から補う意味がある。昔の人たちは必須アミノ酸という言葉は知らなくても、生活の知恵としてたんぱく質を効率的に補う工夫をしていたのだ。

たんぱく質が必須アミノ酸をどのくらい含んでいるかを評価する目安として、アミノ酸スコアがある。筋肉などのたんぱく質をきちんと合成するには、アミノ酸スコアが高い食品を選ぶべきとされている。ただ、アミノ酸スコアは時代の変遷とともに数値が変化していてわかりにくい面があるので、左記の5大たんぱく源を好き嫌いなく食べることをお勧めしたい。

アミノ酸スコアが高いたんぱく源
・肉類（牛肉、豚肉、鶏肉、馬肉など）
・魚介類（青魚、マグロ、カツオ、鮭、貝類、海老、カニなど）
・卵（鶏卵）
・牛乳・乳製品（牛乳、ヨーグルト、チーズなど）
・大豆・大豆食品（茹で大豆、豆腐、納豆、豆乳、味噌など）

繰り返しとなるが、5大たんぱく源は、好き嫌いなく食べるべき。仮にアミノ酸スコアが同じであっても、たんぱく質以外に含まれている栄養素に差があるからだ。

肉類では、牛肉には鉄や亜鉛といったミネラル、豚肉にはビタミンB群、鶏肉にはビタミンAやEといったビタミンが含まれている。僕が大好きな馬肉も高たんぱくであり、牛肉に匹敵する鉄や亜鉛を含んでいる。

魚介類では、青魚には体内で必要量が満たせない必須脂肪酸のEPAとDHA、鮭にはビタミンD、貝類の牡蠣には亜鉛、アサリにはビタミンB群が多い。

卵は完全食品と称されるほど、ビタミンとミネラルを幅広く含んでいる。

牛乳・乳製品は、何と言っても不足しがちなカルシウムの宝庫。

大豆・大豆食品は、５大たんぱく源で唯一の植物性食品。カルシウムとマグネシウム、そして動物性のたんぱく源にはほぼ含まれていない食物繊維が摂れる。

牛肉、青魚、卵、牛乳といったたんぱく源には、たんぱく質だけではなく脂質も含まれている。すでに触れたように、脂質＝太るというのは誤解。ファット・アダプテーションを起こして「アブラでアブラを燃やす」体質へスイッチするには、たんぱく源からも良質なアブラを摂るべき。

脂質は太りやすいとの思い込みが抜けないと、バラ肉よりヒレ肉、青魚より白身魚、普通の牛乳よりも無脂肪乳といったより低脂質なたんぱく源を選びがち。実際は低脂質かどうかを気にする必要はなく、さまざまな5大たんぱく源を偏りなく摂るようにしたい。

その③　たんぱく質の必要量が満たせないと太りやすい

体重や体型を気にしてダイエットを始めて食事の量を減らすと、たんぱく質が必要量を満たせなくなることもあり得る。するとダイエットをするほど太りやすくなるというパラドックスに陥る。なぜなら筋肉が減るからだ。

先述したように筋肉のたんぱく質は一時も休まず、分解と合成を行っている。筋肉の大きさが変わらないのは、分解と合成がちょうど釣り合っているため。たんぱく質が足りないとこの均衡が崩れて分解が合成を上回るようになり、筋肉が減り始める。

筋肉が減るとなぜ太りやすくなるのか。その秘密は筋肉の知られざる役割にある。

筋肉が活躍するのは運動のときだけではない。じっとしているときでも筋肉は秘かに活動している。体温を保つために熱を作っているのだ。

じっとしているときでも生きるために最低限使われているエネルギー代謝を基礎代謝量と呼ぶ。1日に使っているエネルギーの60％ほどは基礎代謝量が占めており、その20％ほどは筋肉が担っている。

太るか、痩せるかを決めているのは、基礎代謝量や運動などで使う消費カロリーと、食事から取り入れる摂取カロリーのバランス。消費カロリーが摂取カロリーを下回ると余分なカロリーで太りやすい。**筋肉が減ると基礎代謝量と消費エネルギーがダウンするため、食べすぎていなくてもカロリー収支が黒字に傾きやすくなり、太りやすくなる**のだ。

頑張ってダイエットで体重を減らしても、ダイエットを終えるたびに体重が戻るリバウンドに悩まされているタイプは、たんぱく質不足で筋肉が減っている恐れがある。筋肉が減って代謝が落ちていると、食事量を元に戻すだけでカロリー収支が黒字化してしまい、黒字分が体脂肪に変わって太りやすくなる。

筋肉の減少は、65歳以上の高齢者の健康にも深刻な影響を与える。

たんぱく質の不足以外にも、筋肉が減少する原因がある。運動不足で筋肉に与える刺激が少なすぎると、筋肉は減りやすいのだ。

20代をすぎて運動不足だと、筋肉は1年に0・5~1・0%の割合で減るとされる。とくに筋肉が減りやすいのは、下半身。「老化は足腰から」というのは真実なのだ。その結果、足腰の筋肉は30~80歳の間で半分になることすらある。

足腰を中心とする筋肉の減少は、高齢者が注意すべき「フレイル」や「ロコモティブシンドローム」の引き金になる。フレイルとは、元気がなくなって心身が虚弱になることで、健常者から要介護へと移行する中間段階。ロコモティブシンドローム（通称ロコモ）は、筋肉などの移動に関わる運動器の衰えにより、要介護になるリスクが高くなった状態だ。フレイルもロコモも認知症に罹るリスクを上げる。

肉を食べる高齢者は元気だとよく聞く。元気だから肉を食べるのか、それともたんぱく質が多い肉を食べるから元気なのか。

そこは定かではないが、運動量を増やして筋肉を刺激しながら、ファットアダプトで肉などからたんぱく質の摂取を増やす心がけは、２０２０年には人口の約29％が65歳以上の高齢者になると予想されている日本にこそ必要である。

僕はそう考えている。

第4章
ファットアダプトの4つのサブルール

ルール4

カロリーを決して減らさない

3つの基本原則を頭に入れたら、ファットアダプトのルールはあと4つだけ。手始めにちょっとクイズをしてみよう。ファットアダプトでは、次の2つの食べ物なら、どちらを選ぶのが正解だろうか。

ファットアダプトクイズ

・鶏胸肉（皮なし）　VS　鶏もも肉（皮付き）

・ツナ缶（オイル漬け）VS　ツナ缶（ノンオイル）

・低脂肪ヨーグルト　VS　無糖ヨーグルト

・シャーベット　VS　アイスクリーム

古い常識にいつまでもとらわれていると、恐らく鶏もも肉（皮付き）より鶏胸肉（皮なし）、ツナ缶（オイル漬け）よりツナ缶（ノンオイル）、無糖ヨーグルトより低脂肪ヨーグルト、アイスクリームよりシャーベットを選ぶのが正解だと思うことだろう。いずれも低脂質で低カロリーだからだ。

しかしファット・アダプテーションを起こすには、まるで逆の選択をするのが正解。鶏胸肉（皮なし）より鶏もも肉（皮付き）、ツナ缶（ノンオイル）よりツナ缶（オイル漬け）、低脂肪ヨーグルトより無糖ヨーグルト、シャーベットよりアイスクリームを選びたい。

痩せたい、太りたくないという気持ちが強すぎると、低脂質&低カロリーな食品や食事を選んでしまいがち。それが健康を害するきっかけにつながる恐れがある。オーバーカロリーは肥満を招いて有害だが、カロリー制限もまた有害なのだ。

その①　腹八分目で骨や筋肉が削れる

ある日ドクターが僕に衝撃的な事実を教えてくれた。

「食事は腹八分目が良いとされますが、決して良くはないのです」

健康のためには満腹になるまで食べず、腹八分目に抑えておくのが良いと長らく信じていた僕にはショッキングな話だった。

食べてカロリーになるのは3大栄養素である糖質、脂質、たんぱく質。このうち脂質やたんぱく質を削ってカロリーを減らそうとすると筋肉や骨が減り、貧血になりやすいというエビデンス（207ページ参照）があるらしい。筋肉や骨を削って痩せるなんて不健康極まりない。痩せるのではなく、やつれるという表現の方がぴったりだ。

カロリー制限をすると、老化をゆっくり進めるアンチエイジングに役立ち、寿命を延ばせるという意見もある。長寿遺伝子なるものにスイッチが入るそうだ。

ドクターによると、「酵母、線虫、ハエ、マウスといった生き物では、カロリー制限で寿命が延びるとわかっている」という。

「ならば人間でも寿命が延びるのでは？」と期待したくなるが、そう期待して行われたサルの実験ではカロリーを70%に抑える（つまり腹七分目）ようにしても延命効果はなく、むしろ寿命が短くなったケースもあるようだ。ただしカロリー制限でサルの寿命が延びたという報告もあり、現在も検証が続いているらしい。

その②　カロリー制限は続かない

カロリー制限のアンチエイジング効果のあり・なしにはっきり白黒が付かないとしても、カロリー制限には重大な欠点がある。長続きしないのだ。

ダイエットを途中で挫折した経験は誰でも一度はあるのではないだろうか。短期間ならまだしも、空腹を我慢し続けるのは難しい。

ファットアダプトもカロリー制限も、短期間で終えてしまっては、期待したような結果は得られない。体幹トレーニングだってヨガだって続けないと効果は出せない。継続こそ、力なのである。

カロリー制限が続かない例として、ドクターが次のような話をしてくれた。

前述のサルの実験と並行して、アメリカでは人間を対象として75％のカロリー制限で寿命が延びるかどうかの試験が行われた。試験に賛同するボランティアを集め、もともとの食事からカロリーを75％に抑えてもらったのだ。

この試験は２年間続けられたが、意外な結果に終わった。

自ら望んで75％のカロリー制限を始めたボランティアは合計１４３名いた。ところが、開始して半年後には平均のカロリー摂取量は90％前後にまで増えて、その後も日を追うごとにカロリー摂取はもともとの食事に近づいていった。

加えて全体の約20％にあたる28名は2年という試験期間に耐えられず、途中で脱落してしまった。そのうち7名は、カロリー制限で前述のような骨密度の低下や貧血が起こり、医学的な見地から試験参加を強制的にストップされたという。

このような状況では、当初の目的だった寿命が延びるかどうかの検証は残念ながら満足に行えなかった。

事実を検証したいという高いモチベーションに支えられた人たちですら、続けられないのだから、カロリー制限を継続するのは極めて難しいといえる。

その点、カロリーを制限せず、肉や魚やチーズなどから**脂質とたんぱく質を満足するまで摂るファットアダプトは辛くないから長続きしやすい。**そして継続性が高いからこそ、狙った成果が出やすいのだ。

その③　適切なカロリー摂取量の目安

カロリーを制限しないとしたら、一体どのくらいのカロリーを摂るのが適切なのか。

１日の適切な摂取カロリーは、１日の消費カロリー（推定エネルギー必要量）から逆算するのが一般的。体格が大きく盛んに活動する人ほど消費カロリーは増える。年齢・性別・体重から推定される基礎代謝量をベースに、どのくらい盛んに活動しているかを勘案して消費カロリーを推定する。それが摂取カロリーの目安だ。

詳しい説明は省くが、僕が調べたところでは18～29歳の男性で２３００～２６５０キロカロリー、女性で１６５０～１９５０キロカロリー、30～49歳の男性で２３００～２６５０キロカロリー、女性で１７５０～２０００キロカロリー、50～69歳の男性で２１００～２４５０キロカロリー、女性で１６５０～１９００キロカロリーとなっている。


摂取カロリーの目安がわかったとしても、その通りに食べるのは難しい。自分が摂っているカロリーを正確に把握するのは難しいからだ。

僕は活動量を正確に測り、それに基づいて計算した消費カロリーから逆算して、シェフが摂取カロリーをコントロールしてくれる。それは僕が恵まれているからであって、普通は専属シェフを雇って計算してもらうわけにはいかないだろう。

しかし、**ファットアダプトならいちいちカロリー計算をしなくても適切な摂取カロリーにだいたい収まる**ようになっている。

ファットアダプトでは、血糖値の乱高下がない範囲で糖質を適切に摂る。血糖値が乱高下すると食欲が乱れて、過食やダラダラ食べに走る恐れがある。ファットアダプトでは、その懸念がないから過食やダラダラ食べの心配がない。

加えてファットアダプトでは、脂質とたんぱく質を好き嫌いなく、満足するまで摂る。前述のように脂質もたんぱく質も、食欲を適度に抑えるホルモンの分泌を促すから、食べすぎる恐れがない。ファットアダプトを実行している限り、摂取カロリーを気にしなくても、活動量に見合った適切なカロリー摂取が行えるのだ。

ルール５
野菜の摂取を意識する

健康のために野菜を意識して食べる人が増えているが、残念ながらその量は足りていないようだ。厚生労働省では１日に３５０g以上の野菜を食べることを勧めている。しかし、日本の成人は１日３００gも食べていない。

僕が10年近くすごしたイタリアでは野菜を驚くほど多く食べる。ある調査によると１日４００g以上の野菜を食べているとか。日本よりも１００g以上も多いのだ。

アスリートには野菜嫌いもいるけれど、僕は子どもの頃から野菜が大好きだった。その傾向は、野菜大国イタリアに行ってからさらに強まった。野菜の味が濃くて本当に美味しかったからだ。自宅でも外食でもクラブハウスでも野菜をたんまり食べていた。

例外もある。グリーンピースだけはまったく好きになれないのだ。チャーハンや焼売にグリーンピースが使われていると、不思議とそれだけで美味しく感じられなくなる。食事はあくまで楽しむもの。嫌いなものを我慢して食べなくていいというのが僕の持論。グリーンピースでないと摂れない栄養素はない。グリーンピース以外にも野菜は山ほどあるから、それを食べていれば何も問題ない。

ナッツ類もファットアダプト的にはポジティブ。低糖質で脂質を多く含み、ビタミンやミネラルや食物繊維も多い。サラダにトッピングしたり、小腹が空いたときの間食にしたりする方法もあり、シェフも何回か出してくれた。ただナッツでないと絶対摂れない栄養素はないから、なくても問題はない。

その① ファットアダプトで野菜摂取が大事な理由

ファットアダプトでも野菜の摂取は疎かにしたくない。

第一に脂質を上手に使うためにはビタミンやミネラルといった微量栄養素が欠かせない。野菜と果物はビタミンやミネラルの貴重な供給源。果物と違って野菜は糖質が少ないから、安心してふんだんに食べられる。

この他、たんぱく質を代謝して筋肉を合成したり、糖質を代謝して円滑にエネルギーに変えたりするためにも、ビタミンとミネラルがなくてはならない。

野菜には、ビタミンやミネラルのように、エネルギー源になるわけではないけれど、カラダにポジティブな影響を与える成分も含まれる。植物が作る有用成分フィトケミカルだ。もっとも有名なフィトケミカルは、赤ワインやベリー類などに含まれるポリフェノール。恐らく多くの人が名前くらいは聞いたことがあるだろう。

ポリフェノールを始めとするフィトケミカルには、有害な活性酸素に対抗してくれる抗酸化作用を持っているものが多い。

その②　色の濃い野菜にオリーブオイルをたっぷりかけて食べる

野菜には、色が淡い淡色野菜と色の濃い緑黄色野菜がある。厳密な定義は他にあるが、色で判断しても大きな間違いではない。

淡色野菜はキャベツ、白菜、タマネギ、レタス、ナス、キュウリなど。緑黄色野菜には、パプリカ、ピーマン、ブロッコリー、トマト、アスパラガス、ホウレンソウ、小松菜、モロヘイヤなどがある。

厚生労働省では、1日350g以上の摂取を勧める野菜のうち、120g以上は緑黄色野菜から摂るべきだとしている。**淡色野菜よりも緑黄色野菜の方が総じてビタミンやミネラル、フィトケミカルなどが多い**からだ。

日本では、野菜を生で摂る〝生野菜信仰〟が強い。「野菜を食べなきゃ」と思っても、生で食べられるキャベツの千切りにレタスといった淡色野菜が主役で、トマトが一切れちょこんとのっている生野菜サラダでお茶を濁すパターンが多いようだ。

淡色野菜が悪いわけではない。生野菜サラダだって立派な野菜料理だ。**でも、ファットアダプト的にはもっと緑黄色野菜の摂取を増やしたい。**日本人の緑黄色野菜の摂取量は、1日100gにも満たないのだ。

イタリアでもトルコでも、野菜料理というと加熱したものが主役である。グリルしたり、茹でたり、煮込んだりしたものに、たっぷりのオリーブオイルをかけて食べる。それに少量の塩をパラパラと振りかけ、レモンを搾れば完璧。ファットアダプト的にも正しい。加熱すると野菜はカサが減ってたくさん食べられるし、オリーブオイルから脂質も摂れる。

僕はアマニ油やエゴマ油、MCT（中鎖脂肪酸油）オイルをかけることもある。

カロリーを気にしすぎると、野菜には低カロリーのノンオイルドレッシングをかけたくなる。しかしそれでは脂質もカロリーも足りない。ノンオイルドレッシングにはオイルを使わない代わりに糖質を添加しているケースもある。

ルール6

食べるタイミングと順番に気を遣う

何をどのくらい食べるかに加えて、同じように疎かにしてはいけないのは、1日3食をどのようなタイミングとバランスで摂るか。

僕は**朝食2：昼食3：夕食5という割合**で摂ることが多い。

僕は朝からボリュームのある食事を摂るのは苦手なタイプだ。しかし午前の練習やトレーニングに空腹で行くわけにはいかない。質の高い運動がこなせないからだ。そこで胃腸に負担の少ない朝食で最低限のエネルギーと栄養素を取り入れる。

チームでランチを摂るときはクラブハウスで食べることが多い。

インテルのときはレストランと同じように好きなものをオーダーするスタイルだったが、ガラタサライSKのクラブハウスではビュッフェで好きなものを好きなだけ選ぶスタイル。ファットアダプトもやりやすい。肉料理はインテルも美味しかったが、こちらは炭火でグリルしてくれるので肉も魚も野菜も香ばしくて美味しい。

練習でカラダを思い切り動かすと、お腹ペコペコでランチは爆食したくなると誤解されがちだが、激しく追い込んだ練習をすると逆に食欲はそんなに湧かない。昼食のボリュームは朝食よりもやや多い程度。チーム練習が午後からで午前中うちにいる日は、シェフが作るランチを食べている。

落ち着いてボリュームのある食事ができるのは、１日の予定がすべて終わった夕飯だ。

その①　運動や就寝のタイミングに合わせて食事の時間を調整する

食事を含めた1日のスケジュールは、チーム練習が午前中にあるときと午後にあるときで次のようにわけられる。

午前練習があるときの１日のスケジュール

9時　起床
9時15分　朝食
11時～13時　チーム練習

13時30分〜14時30分　昼食
14時30分〜17時　フリータイム（途中で果物＋ヨーグルトなどの軽食）
17時〜19時　自主練習（パーソナルトレーニング）
19時30分〜21時30分　夕食
22時〜24時　マッサージ、ケア、試合観戦
24時　就寝

午後練習があるときの1日のスケジュール

9時20分　起床
9時30分　朝食
10時〜12時　フリータイム
12時〜13時30分　自主練習（パーソナルトレーニング）
13時45分〜14時30分　昼食
14時30分〜16時　フリータイム（途中で果物＋ヨーグルトなどの軽食）
16時30分〜18時30分　チーム練習

19時～21時　夕食
21時30分～24時　マッサージ、ケア、試合観戦
24時　就寝

まず気をつけているのは、**練習やトレーニングをしたら30分以内に食事をする**こと。質の高い運動をすればするほど、即座に必要な栄養素を取り入れたいのだ。

筋トレなどで筋肉を刺激すると、直後から2時間までは筋肉の合成レベルが高い状況が続いている。トレーニング後が栄養補給のベストタイミングといわれる所以だ。このタイミングを逃してしまうと、どんなに良い練習やトレーニングをこなしても、パフォーマンス向上に結びつかない恐れもある。

ガラタサライSKの練習場から僕の自宅までは車で15分くらい。その日の練習とトレーニングを終えて着替えたら、僕はシェフに「いまから帰ります」というメッセージを送る。今日の夕飯は何だろう。夕飯を楽しみにクルマのハンドルを握る。

シェフはだいたいの終了時間を見越して準備を整えてくれている。そこに「いまから帰ります」というメッセージが入ると、15分後には戻ってくるとわかるから、最後の仕上げ

に取りかかってくれるのだ。

運動後は30分以内に食事をしたいが、食事を終えてから次の運動までは2時間ほど時間を空ける。運動は満腹でも空腹でもない状況で行うのが正解だからだ。

チーム練習だと始まりや終わりの時刻は正確に読めないが、自主練のパーソナルトレーニングなら時間の融通は利く。そういうとき僕は前の食事から2時間前後空け、終了後30分以内に食事が摂れるように逆算してトレーニング時間を決めている。

さらに基本的に眠る3時間前に食事を終える。お腹は軽い方が寝入りやすいからだ。

その② 朝食でたんぱく質と脂質を摂る

朝食は1日で最初にする食事。その日1日をアクティブにすごすためには、朝食で何をどう摂るかも気にしたい。

それだけに朝食については試行錯誤してきた。

イタリアに来てしばらくは姉・麻歩が作ってくれる伝統的な和定食が定番だった。

その後、糖質の摂取を厳しく制限していた頃は、朝食に茹で卵と1杯のスムージーを飲むことが習慣になった。スムージーはイチゴやキウイフルーツ、マンゴーといった果物にホウレンソウなどの野菜、チアシードやココナッツミルクをプラスして作っていた。スムージーからはビタミン、ミネラル、食物繊維が摂れるというメリットがあるが、美味しくするために果物を入れすぎてしまうと糖質過多になり、血糖値が急に上がりすぎる血糖値スパイクが起こる恐れがある。

前日の夕飯後、半日近く絶食しているのに、朝食で糖質をどっさり入れすぎてしまうと、乾いたスポンジが水を吸うように糖質が即行で吸収される。それが、血糖値を引き上げて脂質代謝にストップをかける。これではファット・アダプテーションは夢のまた夢。

スムージーだと脂質とたんぱく質が不足しやすい。絶食明けの朝は筋肉のたんぱく質の分解が進んでいる。その分解を止めてたんぱく質合成のサイクルを滑らかに回すためにも、良質のたんぱく質を補いたい。そして脂質とたんぱく質を同時に取り入れると、血糖値の上昇カーブも緩やかになる。

ファットアダプトを始めてから、朝食はスムージーから定食系に切り替わった。

その内容は**ご飯、味噌汁、目玉焼き2個、納豆、ツナをマヨネーズで和えたツナマヨ**といったところ（現在は卵だけではなく魚にすることもある）。納豆にエキストラバージンのオリーブオイルをかけて食べる日もある。ミネラルとたんぱく質を補うために、味噌汁の具材には豆腐やあおさなどが入る。ご飯は血糖値を上げすぎない適量にコントロールし、卵（魚）、納豆、ツナマヨ、オリーブオイルから脂質とたんぱく質を摂っている。

シンプルな献立だから自分でもできそうだが、朝は5分でもいいから長く寝たいので、妻の愛梨がいたら作ってもらうし、妻がいなかったらシェフにお願いしている。朝食まで作ってもらうなんて贅沢に思えるかもしれないが、アスリートは睡眠も仕事のうち。休養不足でコンディションが乱れたら元も子もない。

忙しい朝は厚切りのトースト1枚にコーヒー、あるいはコンビニおにぎり2個に緑茶といった簡単な食事で済ませてしまう人もいるかもしれない。トーストにもおにぎりにもほぼ糖質しか入っていないから、血糖値スパイクが起こりやすい。

ほぼ糖質の朝食では急上昇した血糖値が下がる10時頃にお腹が空いて糖質が欲しくなり、10時のおやつに甘い物で間食をしがち。甘い間食で再び食後高血糖と血糖値の急降下がセットで起こり、ランチにはご飯をついつい大盛りにしたくなる。それが午後のおやつと夕飯での糖質過多を招く……。

朝血糖値を上げると負のスパイラルから抜けられなくなり、夜眠るまで血糖値の乱高下が続いて脂質代謝がまるで回らないことも考えられる。

パン党なら、薄切りのトーストにバターをたっぷり塗って茹で卵を添えて、砂糖入りのコーヒーを豆乳で作ったソイラテに替えると、ファットアダプトの食事に近くなる。コンビニのツナサンドや卵サンドなら、糖質量が20～30gに抑えられるし、脂質もたんぱく質も摂れる。それにミネストローネなどのカップスープで野菜を補おう。和食派ならば、おにぎりを1個に抑える代わりに、納豆を添えてオリーブオイルをかけ、緑茶を具沢山の味噌汁にスイッチしてやれば、ファットアダプト的にも合格点の食事に近くなる。

ちょっとしたアイデアで朝食を変えるだけで、血糖値スパイクが起こらず、血糖値の乱高下による負のスパイラルに陥ることもない。

その③　カーボラストを心がける

食事をする順番にも僕にはこだわりがある。

シェフに作ってもらうときは、**スープ⇒野菜料理の副菜⇒たんぱく質や脂質が摂れる肉や魚などの主菜⇒ご飯などの主食という順番**で出してもらっている。外食やクラブハウスでのビュッフェ形式での食事でも、この順番で食べている。

野菜から先に食べるという意味ではいわゆる「ベジファースト」だが、ポイントは主食を最後に回して糖質（カーボ）を最後に摂る「カーボラスト」にある。

糖質の摂取量は、血糖値スパイクを起こさず、脂質代謝を妨げにくいレベルに抑えるのがファットアダプトの鉄則。**カーボラストで糖質を最後に食べると、血糖値はより上がりにくくなり、脂質代謝が改善しやすい。**

事前に野菜や肉や魚を食べておくと、食物繊維、脂質、たんぱく質といった栄養素が先に消化管に入っている。食物繊維は消化されにくいから、糖質の吸収を穏やかにする。

加えて、脂質やたんぱく質は消化管が分泌するホルモンを介して胃から小腸へ内容物を押し出すスピードをスローダウンさせる。糖質の吸収は胃ではなく小腸で行われるから、先に脂質やたんぱく質を摂ると糖質が小腸に届くスピードをゆっくりに抑えられる。

これらの消化管ホルモンはインスリン分泌を前倒ししてくれるから、血糖値は余計に上がりにくい。

伝統的な懐石料理ではご飯と水菓子（果物）はコースのいちばん最後に出てくる。これはカーボラストのお手本のようなもの。昔の人は血糖値が上がりすぎる怖さを本能的に知っていたのかもしれない。

フレンチでもイタリアンでも、血糖値をもっとも上げやすい甘い物は、食事のいちばん最後に出てくる。パンやパスタといった糖質を控えめにすれば、フレンチでもイタリアンでもカーボラストは可能だ。

カーボラストの効果を高めるには、**ひと口ずつよく噛んで食べる**習慣づけも役立つ。スープ⇒副菜⇒主菜という順番でシェフに出してもらったとして、ロクに噛まずに飲み込むように5〜6分で食べていると、主食を最後に回しても血糖値の上昇を抑える作用はさほど期待できない。

理想をいうなら、野菜や肉や魚を食べた後20分くらいしてから糖質を食べたいもの。そのためにゆっくり咀嚼して味わいながら食べるのだ。僕は最低でもひと口15回以上、できたら20回以上は丁寧に噛むようにしている。

ハンバーガーや牛丼といったファストフードは、忙しいビジネスパーソンのランチなどの味方になってくれる。しかし、ファットアダプトの観点からすると、バンズやご飯といった糖質をいきなり頬張るカーボファーストであり、早食いにもつながる。それは食後高血糖と血糖値スパイクを起こして脂質代謝を悪くする恐れがある。

ルール7 美味しく楽しみながら食べる

この章の最後に、ファットアダプトでもっとも重要だと僕が思っているポイントに触れたいと思う。それは**食事を美味しく味わって食べる**ことだ。

告白すると、糖質制限食という言葉が僕は好きではない。なぜなら「制限」というと何かを我慢しなければならないというイメージが強いから。それよりはドクターが提唱している「ロカボ」の方がいかにも楽しそうで、ネーミング的にはしっくりくる。

ファットアダプトは、糖質の適正量を決めたら、肉、魚、チーズなどの好きなものから脂質もたんぱく質も摂れる。適正な摂取の範囲内ならご飯もパンも麺類もＯＫ。新鮮なアブラで目の前で揚げてもらえたら、天ぷらだってトンカツだって味わえる。そこに「制限」とか「我慢」とか「辛い」といったワードは絡まない。

食べることは人生の大きな楽しみ。その楽しみを奪ってしまうような食事法はどこかが間違っている。僕はそう思う。

ファットアダプトに基づいてシェフが作ってくれた出来立ての料理を食べる時間は僕にとって何よりの癒しの時間である。

専属シェフが僕のために栄養管理をして、食材を吟味して美味しくなるように日々調理に工夫を凝らした献立を出してくれるのだから、これ以上の贅沢はない。シェフの料理をひと口食べると、まずは「メチャクチャ美味しい！」という気持ちが胃袋の底から湧き上がってくる。そして「しかもファットアダプトで脂質代謝も整う」と思うと嬉しくなるし、美味しさも倍増する。

練習やトレーニングや試合で精一杯頑張っているのだから、せめて食事は癒しの時間にしたい。それが僕の願い。それをファットアダプトは叶えてくれる。

フィジカルを鍛えるにはオンとオフの切り替えがすごく大事。トレーニングでタフに追い込むオンの日があり、心身を完全に弛緩させるオフの日がある。その繰り返しがあって、フィジカルは右肩上がりに成長していく。それは食事改善でも同じだ。

シェフとの食事では癒されるが、ときにはファットアダプトのルールから自由になりたい気分になる日もある。そういうときはシェフにはお休みしてもらい、家族と好きなところで思う存分外食を楽しむ。そしてまた翌日からシェフと食トレを再開する。

厳格なルールを修行僧のようにストイックに守り続けるより、オンとオフの切り替えを行いながら適度な息抜きをした方が長続きする。

皆さんも無理のない自然体でファットアダプトを取り入れて、日々の食事をぜひ癒しの場にしてみてほしい。美味しく、楽しく続けられるからこそ、ファットアダプトは三日坊主で終わらず、皆さんの人生をより豊かなものに変える。僕はそう信じている。

実践編

シェフが教えるファットアダプトの具体的なやり方

——加藤超也

血糖値の上がりやすさを知る

この章では専属シェフの僕、加藤超也がファットアダプトの具体的な実践方法について解説したいと思います。

食べたものはあなたのカラダを作っています。だからこそ食事は自分の体質を踏まえて、オーダーメイドで組み立てるべき。僕はそう考えます。

ファットアダプトの基本的な考えは万人に通用するものですが、アスリートである佑都さんの食事法をそのままコピペしたからといって、必ずしもポジティブに働いてくれるとは限りません。

食事を変える前にまずやっておきたいのは、自分自身のカラダを知っておくこと。一人ひとり顔かたちが違うように、体質も一人ひとり異なります。体質に合わない食事をしていては長続きしませんし、思わぬ不調の引き金になることも考えられます。

初めに行いたいのは、糖質を摂った後の血糖値の上がりやすさがどのくらいなのかのチェック。食後の血糖値のモニタリングです。

血糖値のチェックは佑都さんと同じように、「持続ブドウ糖測定（CGM）」で行います。ごく細いビニール製の管を皮下に入れて（まったく痛くありません）、血糖値を反映している皮下の組織間液という体液を24時間自動で測定するのです。CGMを付けたままシャワーを浴びてもOKですし、運動しても問題ありません。これを2週間付けっ放しにし、食事をしたときの血糖値の変化をチェックします。

食事にどの程度糖質が含まれているかは、ネット検索で把握できます。

食材に含まれている糖質量は、文部科学省の「食品成分データベース」（https://fooddb.mext.go.jp）で100gあたりの値が正確にわかります。このデータベースでは、糖質量は炭水化物量として記載されています。炭水化物＝糖質＋食物繊維ですから、糖質量を計算するときは炭水化物量から食物繊維量を引いて求めてください。

空腹時の血糖値が90mg／dℓの人が50gの糖質が入った食事をした後、血糖値が140mg／dℓに上がっていたとしましょう。140－90＝50ですから、この人は1gの糖質で1mg／dℓ血糖値が上がる体質だとわかります。

食後血糖値は140mg／dℓ未満が正常値。それを超えると食後高血糖&血糖値スパイクが起こり、脂質代謝が円滑に進みにくくなります。先の例でいうなら、この人が食べても食後高血糖&血糖値スパイクを起こさない1食の糖質量は50g未満となります。

佑都さんの場合、ロカボの基準よりもやや多めの1食あたり40~60gの糖質を摂っても、食後血糖値が140mg/dℓ未満をキープできるとわかりました。

CGMを使わない場合は、次のような自覚があるなら、食後高血糖と血糖値スパイクが起こっているかもしれません。

・糖質を多く含む食事をすると眠くなる。
・糖質を多く含む食事をすると集中力が持続しない。
・食べすぎている自覚がないのに太りやすい。

糖質を多く含む食事で眠くなったり、力が出にくくなったりするのは、食後高血糖が起こり、その反動で血糖値が下がりすぎているから。脳細胞も、筋肉の細胞も、血糖を基本的なエネルギー源にしていますから、血糖値が下がりすぎると眠くなったり、力が入りにくくなったりするのです。

食べすぎている自覚がないのに太りやすいのは、食後高血糖が起こり、血糖値を下げるために、すい臓からインスリンが大量に出ているから。インスリンは体脂肪の分解にストップをかけて血糖からの体脂肪の合成を促します。1日3食、毎回のように食後高血糖を起こしていたら、太りやすくなるのは当然です。

糖質量は、前ページで挙げた自覚がなくなるレベルまでコントロールしてください。

糖質の摂りすぎはいけませんが、減らしすぎもいけません。ドクターによると1食20g未満まで糖質を極端に減らしすぎると、いわゆる悪玉コレステロールであるLDLコレステロールが増えたり、血管の内側を覆っている細胞（血管内皮細胞）の機能が落ちたりする可能性があるそうです。ドクターは、「1食20gをクリアしていれば、長期的に見ても危険がまったくない摂取量と考えられる」とおっしゃっています。

1食あたりに食べられる主食の量を知っておく

ファットアダプトに最適な1食あたりの糖質量が決まったら、その範囲内に収まるように糖質を多く含む食品の摂取をコントロールします。

僕たちが糖質をもっとも多く摂っているのは、ご飯やパンや麺類などの主食から。主食をコントロールできたら、糖質量の適正化は半分以上成功したようなものです。

主食の糖質量は、ご飯普通盛り1杯55g、食パン4枚切り1枚40g、そばとうどんは1人前56g、スパゲティ1人前65gなど（g数はいずれも概算。以下同）。

血糖値の上がり具合を踏まえて主食で30g前後の糖質を摂るなら、ご飯ならお茶碗2／3杯（糖質36g）、食パンなら6枚切り1枚（糖質27g）、そばとうどんは半人前（糖質27g）、スパゲティ1／2皿（糖質33g）が目安です。

白いご飯よりも玄米や雑穀米、食パンよりも全粒粉パンやライ麦パン、真っ白な更級そばよりもそばの実を外殻ごと石臼で挽いた挽きぐるみそばのように、精製度の低い主食の方がヘルシーだというイメージがあります。

確かに精製度の低い主食には食物繊維が含まれていますから、血糖値の上がり具合は緩やかに抑えられます。しかし、精製度で糖質の含有量がガラリと変わるわけではないので、白いご飯を玄米に替えれば糖質量のコントロールが不要になるわけではありません。その点は勘違いをしないでください。

糖質制限が市民権を得たおかげで、低糖質の主食が手に入りやすくなりました。低糖質の主食だとボリュームが増やせるので少なめの糖質でも満足感があり、ファットアダプトが続けやすくなります。

僕がよく使っているのは、低糖質ご飯。たとえば白米の一種である高アミロース米、食物繊維が多い大麦、うるち米の3種をブレンドした商品では、ご飯1膳の糖質量が36％カットできます。この他、ご飯と一緒に炊くと糖質量が33％カットできるコンニャクを加工した商品を利用するのも良いでしょう。

麺類でも低糖質そばや低糖質うどんがあり、これらの商品を利用すれば1食あたりの糖質量を40g未満に抑えることができます。

血糖値の上昇を抑えるチャーハン。鍋の後は〝雑炊マジック〟

お米は定食にセットされるような白いご飯だけではなく、バラエティに富んだ食べ方ができるのが魅力。ファットアダプト的にポジティブで美味しい食べ方を2つ紹介します。

一つ目はチャーハンです。

中国料理は高温の油で調理するため、酸化の危険性が高いことから、ファットアダプト的には要注意。でも、チャーハンだけは僕も佑都さんによく作ります。なぜなら白いご飯よりも血糖値が上がりにくいからです。

パラパラに炒めたチャーハンは、卵と油でご飯が一粒ずつコーティングされています。それだけ消化吸収が緩やかに進むため、同じ量の糖質を摂ったとしても、白いご飯と比べると血糖値の上昇は穏やかになります。ファットアダプトではたんぱく質を多めに摂りますが、チャーハンには卵やチャーシューなどのたんぱく源が入れられるので、主食なのにたんぱく質の摂取も増やせます。

家庭用のコンロは中国料理店のコンロよりも火力が弱いため、高温調理による酸化の恐れもそれほどありません。念のためにチャーハンを作る際は、高温調理に強くて酸化されにくいゴマ油を使うと良いでしょう。

雑炊も同じ量で満足感が高まるご飯料理。とくに活躍するのは、鍋料理の後の〆です。

鍋料理は、肉や魚や豆腐といったたんぱく源に、野菜やキノコ類、海藻類などの低糖質で栄養価が高い食材が自在に入れられるのがメリット。冬場になると前菜とサラダの後に鍋料理を出すことがよくあります。

〆にご飯をお茶碗1杯分入れて卵でとじると、2杯分の雑炊ができあがります。これを佑都さんは〝雑炊マジック〟と呼んで喜んでいます。

2杯分の雑炊を食べると満足感が大きいだけではなく、鍋の具材から出た出汁《だし》と滋味をご飯が吸ってくれるので美味しくなり、栄養価も高まります。ビタミンB群やCのような水溶性の栄養素は、雑炊にすると損失が避けられます。その際、塩分の過剰摂取にならないように、出汁を生かした薄味を心がけるようにしてください。

主食以外で気をつけるのは果物とお菓子

主食以外で糖質が多いのは果物とお菓子です。

果物の糖質量は、リンゴやグレープフルーツ1個で25g、バナナ1本で20g、キウイフルーツ1個で9g、バレンシアオレンジ1個で11gなど。

果物にはビタミンやミネラル、フィトケミカルなどの有益な成分も含まれていますから、リンゴやグレープフルーツは1日に4分の1個、キウイフルーツやオレンジは2分の1個を目安に摂ると良いでしょう。

佑都さんが大好きなベリー類は、ビタミン、ミネラル、ポリフェノールが豊富なのに、糖質量が少なめなのがメリット。イチゴ3粒で3g、ブルーベリー20粒で2g、ラズベリー10粒で1gほどしか糖質は含まれていません。ベリー類なら糖質量をあまり気にせずに、楽しめそうです。

お菓子にも糖質は多く含まれています。

その量は、ショートケーキ1個50g、アップルパイ1人前60g、板チョコ1枚38g、豆大福1個53g、どら焼き1個50g、カステラ1切れ31gなど。

これらは栄養素に乏しいのに、カロリーと糖質が多いエンプティカロリーです。どうしても食べたいときは、ドクターのロカボの基準に従い、1日10gまでになるようにコントロールしてください。ポテトチップス1／6袋（糖質8g）、チョコチップクッキー1枚（糖質5g）、堅焼きせんべい1／2枚（糖質6g）なら、いずれも10g未満です。

主菜で肉か魚を食べる。とくに魚を意識して食べる

日本人の献立の基本は主食＋一汁三菜。慣れ親しんだ献立を大きく変えると長続きしないので、ファットアダプトでも一汁三菜に沿って献立を組み立てます。

三菜はメインのおかずである主菜1品＋サブのおかずの副菜2品。佑都さんには主菜2品＋副菜2品といった献立を提供することも多いのですが、それは活動量が多いアスリートだから。一般の方なら主菜1品＋副菜2品で十分。その方がコストも抑えられます。

主菜で摂りたいのはたんぱく質と脂質。5大たんぱく源である肉類、魚介類、卵、牛乳・乳製品、大豆・大豆食品のうち、主菜では肉類か魚介類を選びます。

その理由は、肉類や魚介類は他のたんぱく源よりも、1食分で多くのたんぱく質と脂質が摂れるため。昼食が豚肉だったら、夕飯はサバという具合に1日のうちで肉類と魚介類を両方食べるようにしてください。部位や種類によって差はありますが、肉類と魚介類は手のひら1枚分の100gで15〜20gのたんぱく質が摂れると覚えておくと便利です。

なかでも摂取を増やしてほしいと僕が思うのは、魚介類。肉類を食べる機会は多いのに、魚介類は意識しないと食べるチャンスが少ないからです。

日本は世界的に見ても魚介類の消費が多い国として知られていましたが、現在では肉類の消費量が魚介類のそれを上回っています。魚離れが進んでいるのです。

日本を離れて改めてしみじみと感じるのは、日本ほど新鮮で質の高い魚介類が手に入る国はないということ。イタリアもトルコも海に面しているので魚介類は豊富ですが、日本には到底敵いません。かつての築地市場（現・豊洲市場）に世界中から観光客が集まっていたのは、あれほど多種多様な魚介類が並ぶマーケットは存在しないからです。魚天国の日本に住んでいて、魚介類を食べないのはもったいない話です。

肉類と魚介類では、たとえたんぱく質の含有量が同じだとしても、含まれている脂質の性質が違います。肉類は飽和脂肪酸であり、魚介類のなかでも青魚はオメガ3脂肪酸を含んでいます。どちらも人体には必要なものですが、多様なアブラを偏りなく摂るためにも魚介類の摂取を忘れないようにしてください。

酸化を避けるという観点からは、生食OKで新鮮な魚を刺身かカルパッチョにするのが理想です。それが難しいなら焼き魚にして食べましょう。

切り身を手に入れるのが難しいときは、缶詰を使っても構いません。缶詰ならストックしておけるので、食卓への登場回数が増やせます。

缶詰は劣化を防ぐために空気を完全に抜いているので、酸化のリスクも最小限に抑えられます。商品情報をチェックし、できるだけ新鮮な魚を水揚げ後すぐに加工しているものを選ぶようにすると良いでしょう。

サバやイワシやサンマといった青魚も缶詰なら手軽に食べられます。その際、サバやイワシの味噌煮やサンマの蒲焼きは避けるようにしてください。これらには調味料として砂糖やみりんが多く含まれており、糖質の過剰摂取につながる恐れがあります。

副菜にたんぱく質を加えて主菜クラスに格上げ。汁物も副菜の代わりに

ファットアダプトで主菜以上に大切なのが、副菜。副菜は主菜の箸休めといったイメージが強いと思いますが、その先入観は捨ててください。

ファットアダプトでは、副菜2品を主菜クラスに格上げします。副菜は本来、主菜だけでは十分食べられない野菜、キノコ類、海藻類などを補うものですが、そこにたんぱく源を加えてたんぱく質と脂質をさらに摂るのです。

野菜にたんぱく源をプラスする際には、茹でたブロッコリーなどの野菜に茹でたタコや

海老、茹で卵などを入れたり、ホウレンソウや小松菜といった青菜のおひたしにシラスをトッピングしたりします。

キノコ類にたんぱく源をプラスする際には、椎茸やエリンギをハムやアンチョビでソテーしたり、マッシュルームと海老でアヒージョを作ったりします。

海藻類にたんぱく源をプラスする際には、ヒジキにツナやアジのなめろうを入れたり、ワカメと茹でダコで酢の物を作ったりします。

こうして副菜にたんぱく源を足してあげると、主菜1品+副菜2品でたんぱく質と脂質が十分に摂れるようになります。


副菜で野菜、キノコ類、海藻類を補うのは、ビタミンやミネラルに加えて、食物繊維をプラスするため。大豆・大豆食品と違って動物性のたんぱく源には、基本的に食物繊維が含まれていないからです。主食でも、精製された白いご飯やパン、麺類には食物繊維はあまり含まれていません（すでに紹介した低糖質の主食は、食物繊維を多く含むというメリットもあります）。

改めて食物繊維について深掘りしましょう。

食物繊維とは、食べ物に含まれる繊維質。大腸までは消化も吸収もされませんが、大腸に棲んでいる腸内細菌に利用されます。腸内細菌には善玉と悪玉、状況次第で善玉にも悪玉にもなる日和見タイプがいて、それらの勢力次第で腸内環境が変わります。腸内環境の善し悪しは便通の他、免疫などにも関わります。

ファットアダプトでたんぱく質と脂質の摂取を増やすと腸内環境が変わり、それがきっかけで下痢や便秘といった不調を招くことがあります。それを避けるために、野菜、キノコ類、海藻類などから食物繊維を摂ってください。食物繊維を増やすと善玉勢力が優勢になりやすく、腸内環境が良くなりやすいのです。

食物繊維は、血糖値にも間接的に響きます。腸内細菌が食物繊維から作る物質の一つに短鎖脂肪酸があります。短鎖脂肪酸とは、酢の成分である酢酸、ブルーチーズの酸っぱい匂いの元でもあるプロピオン酸、バターの香りの元でもある酪酸などです。

大腸で作られた短鎖脂肪酸は肝臓に運ばれる過程で脳に情報を伝えて、その結果として肝臓からの血糖の放出にブレーキをかけます。これで血糖値の上昇が避けられます。

詳しく見ると食物繊維には、水に溶ける水溶性と溶けない不溶性があり、それぞれに機能があります。

水溶性食物繊維は、水に溶けると固体と液体の中間であるゲル状になり、消化管のなかをゆっくり進み、血糖値スパイクを抑えてくれます。水溶性食物繊維が多いのは、野菜ではエシャロット、海藻類ではワカメや昆布など。野菜ではゴボウやユリ根にも多いのですが、これらの野菜は糖質も多いので食べすぎないようにしてください。この他、アボカドやコンニャクにも多く含まれています。

不溶性食物繊維は大腸に水分を呼び込み、便を柔らかくして便秘の予防が期待できます。不溶性食物繊維が多いのは、野菜ではホウレンソウ、オクラ、ブロッコリー、キノコ類ではエリンギ、エノキダケ、シメジ、海藻類ではヒジキなど。この他、切り干し大根やおからにも多くの不溶性の食物繊維が入っています。

主菜1品+副菜2品の三菜は以上のような内容ですが、残りの一汁、つまりスープはどのように考えるべきでしょうか。

スープには栄養面以外に食事をスムーズに進める役割があります。スープのない食事は、ウォーミングアップのないトレーニングのようなもの。ですから、僕は佑都さんの食事はいつもスープからスタートします。

アスリートはウォーミングアップで筋肉や関節のコンディションを整えてから、本格的なトレーニングに入ります。ウォーミングアップを省略してしまうと、思ったようにカラダが動かないため、質の高いトレーニングが行えないのです。

同じように食事でも、空きっ腹の状態でいきなりこってりした主菜や、糖質を多く含む主食を口に運んでしまうと消化不良を起こしたり、血糖値の上昇を招いたりする恐れがあります。それを避けるためにまずはスープを口にするのです。そして温かいスープでカラダの内側から温まるとホッとして癒されます。

一汁は和食なら味噌汁、イタリアンならミネストローネ、フレンチならポタージュやコンソメといったところでしょうか。主菜や副菜で摂りにくいたんぱく源、野菜、キノコ類、海藻類を具材に入れると、栄養の偏りが避けられます。

外食でのファットアダプト①
ビュッフェ&定食店編

以上のような基本ルールを頭に入れておけば、外食でもファットアダプトが実行できるようになります。

ファットアダプトに最適なのは、ホテルの朝食のようにビュッフェスタイルで好きなものが選べるところ。糖質量のコントロールが容易ですし、一汁三菜のルールを守っていれば、ファットアダプトが実行しやすくなります。出張などでホテルを利用する際は、ビュッフェスタイルで食事ができるところを選びましょう。

セカンドベストは、ビジネス街でよく見かける魚介類を売りにした定食店。最近では、魚料理が充実した定食の全国チェーンも増えてきました。

街の定食店では丼ご飯が基本。ご飯の大盛りやおかわりが無料だとうたっているところもあります。それに惑わされず、ご飯の量は自分の体質に応じて、半分にしてもらったり、3分の1にしてもらったりしましょう。糖質制限が普及してきたので、怪訝な顔はされずに済むでしょう。

白いご飯以外に、玄米や雑穀米のように食物繊維がリッチで食後血糖値を上げにくいものが選べるなら、追加料金を支払ってでもそちらをチョイスしてください。

主菜は鮮魚の刺身や、サバやアジやイワシのような旬の青魚の焼き魚がファーストチョイス。肉類なら、作り置きで酸化が危惧されるトンカツや唐揚げより、豚肉の生姜焼きやハンバーグを選ぶようにします。

定食には、おひたしや和え物といった副菜がプラスされているのが普通。けれど、それだけではたんぱく源がまるで足りないので、生卵、冷や奴、納豆といったものを追加オーダーするようにしてください。卵は1個に6・2g、納豆1パック（50g）に8・3g、木綿豆腐2／3丁（200g）に13・2gのたんぱく質が含まれています。可能なら主菜の追加オーダーもアリです。

外食でのファットアダプト②
ファミレス&トンカツ店&焼肉店編

ファミリーレストランでも定食店と同じように、焼き魚や煮魚をセットにした定食が選べるところが大半。それ以外に主菜や副菜が単品で選べます。

主菜には揚げ物は避けて牛肉や鶏肉のグリルを選び、副菜には海老や豆腐やアボカドなどがトッピングされているボリュームのある野菜サラダを2品ほど選択します。セットのご飯やパンは自分に最適の糖質量が摂れるものをチョイスしてください。

外食でのファットアダプト③
ファストフード編

ファミレスは、献立に含まれている糖質量をサイトで公開しているところが大半。事前にチェックし、自分に合った糖質量が摂れるメニューを選びましょう。

トンカツや焼肉のような〝がっつり系〟でもファットアダプトは行えます。トンカツはたんぱく質、脂質、糖質、ビタミンB群などがまとめて摂れる優秀な料理。揚げたてなら、アブラの酸化の害も避けられます。衣に糖質が多いので、できるだけ薄い衣で揚げてくれるお店を選んでください。また繰り返し使用された揚げ油は酸化しているので、できるだけ避けたいところです。糖質を含むトンカツソースで食べると糖質過多になるので、塩や大根おろしでさっぱり頂きましょう。

焼肉では糖質を含むタレではなく、カルビもタンもすべて塩でオーダー。ナムルやキムチなどの野菜を食べてから、肉を味わいましょう。〆のビビンバや冷麺は糖質が多いので、同席者とシェアして適量を楽しんでください。

ファットアダプトが難しいのはファストフード店。

難易度は高いのですが、ウェブサイトでメニューごとの糖質量がわかるので、その気になれば何とかなります。

ハンバーガーチェーンのお得なセットで選べる清涼飲料水は、砂糖が多く使われているため血糖値スパイクを起こしやすく、フライドポテトやチキンナゲットといった揚げ物は酸化している確率が高いようです。

ハンバーガーチェーンで食事をするなら、チーズバーガーのようにたんぱく質と脂質がしっかり含まれているものをメインに据えます。サイドディッシュはフライドポテトではなく野菜サラダをセレクト。

牛丼チェーンやうどん・そばのチェーン店では、ご飯の量が調整できる定食を選択。

主菜は、焼き魚か豚肉の生姜焼きなど。牛丼チェーンの牛皿は牛肉を醤油や砂糖などで甘辛く煮ているため、案外糖質量が多くなるのでパスしましょう。副菜には、野菜サラダ、半熟卵や生卵、冷や奴、納豆などから2~3品を選びます。味噌汁は具沢山の豚汁に変更するとたんぱく質などの栄養素が補えます。

高齢者こそ良質のアブラの摂取を意識する

加齢とともに脂っこい料理に箸が伸びにくくなる傾向があります。ファットアダプトで肉類やオリーブオイルなどからのたんぱく質と脂質の摂取を勧めても、「もう歳だから、脂っこい料理はお腹にもたれて辛い」とおっしゃる方もいます。

歳を重ねると玄米菜食などの素食がいいという意見もありますが、僕は高齢者にこそ、ファットアダプトは適していると思います。

たんぱく質の摂取が減ると筋肉も骨も弱くなり、虚弱を意味するフレイルや移動の機能が損なわれてしまうロコモに陥る危険性が高くなるからです（105ページ参照）。そして加齢で免疫力が落ちるからこそ、良質かつ適度な脂質の摂取を増やして細胞膜を丈夫にする必要があると思うからです。

ファットアダプトが推奨するように、酸化したり、古くなったりしたアブラを避ければ、脂っこい料理でもお腹にもたれることはない。僕はそう思っています。

行楽用に買った駅弁の唐揚げを食べるともたれる人でも、吟味したゴマ油で揚げた天ぷらがカウンターで食べられる天ぷら店ならもたれにくいもの。駅弁の唐揚げはたぶん酸化していますが、酸化しにくいゴマ油で揚げたばかりの天ぷらなら酸化の心配は少ないからです。

国産信仰が強い牛肉でもついつい霜降りの和牛を選びがち。サシが入った黒毛和牛のすき焼きだと胃もたれして食べられないという高齢者でも、オーストラリア牛の赤身のステーキならペロリと完食できることがあります。

ファットアダプトでは牛肉のアブラである飽和脂肪酸も否定はしません。でも、霜降りの和牛は、草食動物の牛に米やトウモロコシといった穀物を食べさせて強制的に太らせたもの。そのアブラはいわばメタボ牛のアブラです。不健康な牛のアブラは決して健康的だとはいえないと僕は思っています。

オーストラリアやニュージーランドでは、放牧して牧草で育てる牛が飼育されています（ただしオーストラリアからは日本向けに穀物で飼育した牛も出荷されています）。放牧で適度に運動し、好物である牧草を食べた牛肉は赤身で良質のアブラを蓄えています。これらの健康的な牛のアブラは高齢者でも胃もたれしにくいでしょう。

赤身肉だと脂質の摂取量が減ります。赤身肉や付け合わせの野菜にエキストラバージンのオリーブオイルをかけてアブラを補ってあげてください。

家庭でのオイルの扱いにも気をつけたいもの。

もったいないからと揚げ油を繰り返し使っていると、高温調理と時間経過で酸化が進みます。使ったアブラを保存するオイルポットが変色していたら、知らない間に酸化したアブラを使っていたサイン。オイルポットはお払い箱にして、揚げ物のアブラは1回で使い切るようにしましょう。揚げ物にはフッ素加工の小ぶりなフライパンを使い、少なめの植物油で揚げ焼きにすると使用量は最小限に抑えられ、お財布に優しくなります。

ゴマ油やオリーブオイルは酸化しにくいといっても開封後は少しずつ酸化が進みます。小さなサイズで購入して早めに使い切ってください。保存するときは、熱による劣化を防ぐために、熱がこもりやすいコンロ下やシンク下に置くのは避けましょう。

デザートには水切りヨーグルトとベリー系フルーツを

糖質量をコントロールしている分、締めくくりに少し甘い物が欲しいと感じる日があるかもしれません。そんなときは水切りヨーグルトにカットフルーツを散らしたデザートを食べてみてください。僕が食事の最後に佑都さんに必ず出している一品です。血糖値が下がりすぎないように、間食に軽食として出すこともあります。

ヨーグルトには善玉菌の代表である乳酸菌やビフィズス菌が含まれています。ヨーグルトで摂った乳酸菌やビフィズス菌がそのまま人間の大腸に棲み着くわけではないのですが、それでも腸内環境を良くする効果が期待できます。

加えてヨーグルトには、一汁三菜では補いにくく、日本人に不足しやすいカルシウムが豊富に含まれています。カルシウムは骨の成分であり、筋肉や脳が正常に機能するためにも不可欠なミネラルです。

ヨーグルトには砂糖を加えていないプレーンタイプを使用します。酸味のあるプレーンヨーグルトにはジャムやハチミツがよく合いますが、ジャムもハチミツも糖質過多の甘味料。そこでラズベリーなどのベリー系フルーツやキウイフルーツでほのかな甘みを付けて食べやすくしています。ベリー系フルーツもキウイフルーツも糖質が少なめであり、ビタミンCや食物繊維を含んでいます。

水切りヨーグルトは、ボウルにザルをのせて水切りネットを敷き、そのうえにヨーグルトをのせて冷蔵庫で2～3時間置いて作ります。

ひと手間かけてヨーグルトを水切りするのは、乳糖をカットするため。ヨーグルトの原料となる牛乳には乳糖という糖質が含まれています。ヨーグルトのたんぱく質、脂質、カルシウムはぜひ摂りたい栄養素ですが、ファットアダプト的には乳糖を摂る理由はとくにありません。

日本人には、乳糖を大量に含む牛乳を飲むとお腹をこわす乳糖不耐症の人が少なくありません。乳糖は母乳にも含まれるため、乳幼児は乳糖を分解する酵素の活性が高くなっているのですが、離乳後はこの酵素の活性が下がり、乳糖を分解しにくくなる大人が増えてくるのです。ヨーロッパでも乳糖不耐症は少なからず存在しているようで、乳糖を含まない牛乳や乳製品がスーパーで普通に売られています。

ヨーグルトの上澄みを乳清（ホエイ）といいます。乳糖の大半は乳清に含まれています。乳糖不耐症でもチーズは食べて平気なのは、チーズを作るプロセスで乳清を排除しているからです。ですから、ヨーグルトを水切りすると乳糖が取り除かれるので、乳糖不耐症の人でも安心して食べられます。水切りするとヨーグルトがナチュラルチーズのように濃厚になり、さらに美味しくなるという副次的な効果もあります。

地中海食＋和食のいいとこ取りで健康食を目指す

日本に帰国した際の講演会で僕が困るのは「シェフの料理は、何料理ですか？」という質問です。

僕はイタリア料理店で長年働いてきましたし、佑都さんがイタリアのインテルにいるときから専属シェフをしています。でも、作っている料理は、イタリアンではありません。

あえて名づけるなら「健康食」としかいいようがないと思っています。

「健康食」だとわかりにくいなら、地中海食と和食をハイブリッドした料理だと考えてもらえると、イメージ的にいちばん近いと思います。

地中海沿いの南イタリアや南ギリシャの伝統的な食事である地中海食をベースにすると、ファットアダプトが行いやすいのは紛れもない事実。

地中海食ではオリーブオイルをふんだんに使いますし、肉類や卵などよりも魚介類の摂取が多いのが特徴。オリーブがよく実り、海に面しているため新鮮な魚介類が日常的に手に入るという気候風土から生まれた料理だからでしょう。この他、トマトなどの野菜、果物、ナッツ、豆類、未精製の穀物食品が毎回のように食卓に並びます。

オリーブオイルがベースであり、現代人に不足しがちな魚介類を盛んに食べるという点ではファットアダプトに近い部分があります。たんぱく質と脂質を増やすために、肉類や卵の摂取を増やしたら、さらにファットアダプトに近づきます。


地中海食はユネスコから世界無形文化遺産に登録されています。同じく世界無形文化遺産に登録されているのが、日本が世界に誇る和食です。

日本は世界有数の長寿国。その健康を支える礎として和食には世界的な関心が集まり、ヘルシーフードの王様として海外にも広がっています。

しかし、ファットアダプト的な視点からすると、和食には必ずしもヘルシーとはいい切れない部分があります。

まず注意したいのは、和食は調理に砂糖やみりんといった糖質を盛んに使うこと。イタリアンでも地中海食でも味を決めるのは塩とオリーブオイルであり、糖質を添加することはまずあり得ません。

鮨は世界中に広まりましたが、鮨に欠かせない酢飯には酢とともに砂糖を加えます。魚介類を食べるという点では鮨は良いのですが、ファットアダプト的によりポジティブにするために僕が佑都さんに作るときには、血糖値を上げない甘味料を用いるようにしています。酢にはホワイトバルサミコ酢と通常の赤いバルサミコ酢をミックスしたものを使っています。

次に問題なのは、脂質の摂取が少なめになりやすい点。

和食がヘルシーといわれるのは、とくに脂質が少なく低カロリーなのが理由でしょうが、脂質が少なすぎるのはファットアダプト的にネガティブ。地中海食もイタリアンもオリーブオイルがなければ始まりませんが、和食はオイルを一滴も使わずに調理できます。

最後に挙げたいのは、塩分の摂取量が多くなりがちなところ。

醤油や味噌は日本人が生んだ偉大な調味料ですが、淡白な白いご飯に合わせるために塩辛い濃い味付けを好むと（和食では「ご飯が何杯でも食べられます」というのが褒め言葉ですよね）、塩分の摂取量が増えてしまいます。和食ではオイルを使わない分、味を決めるのに多めに塩分がいるのでしょう。

むろん和食にも優れている点があります。豊かな四季を背景として自然の恵みを存分に生かしているところもそうですし、味噌や醤油や納豆といった発酵食品を上手に取り入れているところもそうです。

何よりも特徴的なのは、出汁のうま味を存分に生かしているところ。カツオ節と昆布という動物由来と植物由来のまったく異なる出汁を組み合わせ、うま味を2倍にも3倍にもしているのは和食のグレートな発明です。カツオ出汁や昆布出汁は、いまやフレンチやイタリアンの本場のシェフたちも活用しています。

この先人の知恵を上手に生かせば、塩分の摂取は美味しく減らせます。

佑都さんの食事に関しては、オリーブオイルをベースにした地中海食と出汁を活用する和食のいいとこ取りでファットアダプトを実現しています。

出汁はカツオ節や昆布ばかりではなく、海老の殻や魚のアラから取ったり、骨付きの鶏肉から取ったりしています。それを食材に応じて組み合わせると少量の塩分とオリーブオイルで味が決まりやすいのです。

少量しか使わない分、塩にはこだわっています。

いま料理に用いているのは、『ラヴィダ』というイタリア・シチリア島で作られている天日海塩。澄んだ海水を引き込んだ塩田で天日干しにした無添加の塩です。人工的に精製された塩ではうま味の良さを引き出しにくいのですが、『ラヴィダ』のような自然な塩だと少量で味が決まります。

醤油には、日本から持ち込んでいる「魚醬」を使っています。僕の地元・江の島の片瀬漁港で水揚げされたイワシと塩だけで作られている魚醬で、とにかくうま味がリッチ。現代日本では魚醬は食卓から消えてしまいましたが、江戸時代に大豆で作る醬油が普及するまでは魚醬の方が一般的だったそうです。カルパッチョのオリーブオイルにこの魚醬をちょっぴり垂らすだけで、イタリア人が泣いて喜ぶほど美味しくなります。

お酒は辛口の赤ワイン1・5杯程度ならOK

佑都さんは、夕飯に合わせて辛口の赤ワインを飲む夜もあります。なぜ辛口の赤ワインかというと糖質量が少ないからです。

お酒には、糖質の含有量が多い醸造酒と、糖質の含有量が少ない蒸留酒があります。ビール、日本酒、ワイン、紹興酒などが醸造酒であり、焼酎、ウイスキー、ウォッカ、ジンなどが蒸留酒です。

醸造酒でも、糖質をとくに多く含むのはビールと日本酒。ビールの中ジョッキ1杯には15g、日本酒1合（180ml）には7g程度の糖質が含まれています。ワインは醸造酒ですが、辛口の赤ワインに含まれる糖質はグラス1杯1g未満。これなら血糖値スパイクを引き起こす恐れもありません（糖質を含まないビール系飲料や日本酒もあります）。

さらに赤ワインには、原材料であるブドウに由来する数種類のポリフェノールが含まれています。これらのポリフェノールには有害な活性酸素の攻撃から細胞を守ってくれる抗酸化作用があります。

お酒は食卓を豊かにしてくれますし、血液循環を促したり、心身をリラックスさせたりする作用もあります。食事が癒しの時間である佑都さんにとっては、赤ワインは癒しを演出してくれるものなのです。

お酒は飲みすぎるとメリットよりもデメリットが大きくなりますが、佑都さんは飲むときでもグラス1杯半以上は決して飲みません。

試合の前日はもちろん飲みませんし、肝臓を始めとする内臓が疲れている試合直後も飲みません。お酒を飲み始めると歯止めが利かなくなるタイプもいますが、佑都さんにはどんなに美味しいワインでも1杯半で止める理性と自制心が備わっています。さすがに自己管理が徹底しているアスリートです。

ワインもオイルと同じように空気に長時間触れていると酸化してしまいます。酸化はワインの味わいにとって必ずしもマイナスではありませんが、行きすぎた酸化は厳禁。ですから、佑都さんは飲みかけのボトルでも酸化が進まないように空気を抜くためのグッズを使って保存しています。

お酒が体質的に飲めない人が無理に飲もうとするのは百害あって一利なしですが、飲めるからといって飲みすぎるのも論外。たんぱく質、脂質、糖質を代謝するファットアダプトの要である肝臓にダメージが及ぶからです。ポリフェノールたっぷりの辛口の赤ワインを嗜む場合でも、週2〜3日の休肝日を設けながら、佑都さんに倣ってグラス1杯半を限度としましょう。

夕食のメインの鯖を焼く、
加藤超也シェフ

練習やトレーニング後、
30分以内に食事を摂る

低糖質ごはんを使った鯖めし（レシピはP173に掲載）とみそ汁

シェフのファットアダプト2週間レシピ

レシピ編

※この2週間レシピ×2回で28日間の
ファットアダプトプログラムとする

1日目

MENU

朝食

糖質 52.3g
脂質 48.5g
タンパク質 31.4g

・ごはん
・豆腐とあおさの味噌汁
・目玉焼き　2個
・納豆
・ツナマヨネーズ
・海苔

昼食

糖質 49.4g
脂質 54.6g
タンパク質 43.0g

・お刺身サラダ
・鯵《あじ》のなめろう
・鯖《さば》の味噌煮
・ごはん（低糖質）
・わかめのお吸い物

夕食

糖質 60.7g
脂質 89.2g
タンパク質 95.8g

・コールラビスープ
・スパイシー海老マヨネーズサラダ
・サーモンとほうれん草のバター醤油ソテー
RECIPE ☞ ・**まぐろレアステーキごはんガーリック風味**

RECIPE

まぐろレアステーキごはん ガーリック風味

糖 41.2g　脂 12.7g　タ 31.6g

材料／1人分

まぐろ（サク）……100g
ごはん（低糖質）……170g
オリーブオイル……大さじ2/3
塩……ひとつまみ
大葉……2枚
白胡麻……少々

▶合わせ調味料

玉ねぎ（すりおろし）……大さじ1
にんにく（すりおろし）……小さじ1
しょうが（すりおろし）……小さじ1
白ワインビネガー……大さじ1 1/2
醤油……大さじ1

作り方

① 合わせ調味料を作る（玉ねぎをレンジでチンしてボウルに入れ、その他の材料と合わせる）。
② まぐろに塩を振り、熱したフライパンにオリーブオイルを引いて全体を軽く焼く。
③ まぐろをスライスして、❶の合わせ調味料に10分程度漬け込む。
④ 器にごはんを盛り、❸をのせて、千切りにした大葉を散らし、白胡麻を振りかける。

2日目

MENU

朝食
糖質……52.3g
脂質……48.5g
タンパク質……31.4g

・ごはん
・豆腐とあおさの味噌汁
・目玉焼き　2個
・納豆
・ツナマヨネーズ
・海苔

昼食
糖質……51.7g
脂質……75.9g
タンパク質……36.6g

・彩りビタミンサラダ
バルサミコソース
・白身魚のカルパッチョ
・いかとトマトのリゾット（低糖質ごはん）

夕食
糖質……64.5g
脂質……124.1g
タンパク質……106.6g

・鶏肉のトマトヨーグルトスープ
・いわしのマリネサラダ
・牛肉と野菜のグリル

RECIPE
・**鯖カレーライス**

RECIPE

鯖カレーライス

糖 51.5g　脂 53.6g　タ 51.2g

材料／1人分

鯖……200g
ごはん（低糖質）……170g
玉ねぎ（粗みじん切り）……125g
マッシュルーム（粗みじん切り）……50g
トマト……175g
カレーパウダー……小さじ1
塩……小さじ1/2
オリーブオイル……適量

A……にんにく（みじん切り）小さじ1/2（1片）／しょうが（みじん切り）小さじ1/2／オリーブオイル 小さじ1/2

B……無糖ヨーグルト 25g／チョコレート 小さじ1/2／醤油 小さじ1/2／砂糖（低糖質）小さじ1/2／豆乳 50ml／塩 ひとつまみ

作り方

① Aをフライパンに入れ、薄いキツネ色になるまで加熱し、カレーパウダー、玉ねぎを入れて弱火でソテーし、マッシュルームとカットしたトマトを加える。

② 別のフライパンを用意し、オリーブオイルを引き、鯖に塩を振ってからソテーし、細かくほぐしたら、❶のフライパンに入れて、全体をからめて5分ほど煮込む。

③ ❷にBを加えて全体を馴染ませ、器にカレー、ごはんを盛り付ける。

3日目

MENU

朝食

糖質	52.3g
脂質	48.5g
タンパク質	31.4g

- ごはん
- 豆腐とあおさの味噌汁
- 目玉焼き　2個
- 納豆
- ツナマヨネーズ
- 海苔

昼食

糖質	55.7g
脂質	65.0g
タンパク質	91.2g

- サーモンの甘酢ソテーとサラダ
- まぐろとアボカドのマリネ
- ひじきと切り干し大根煮
- 牛肉の低糖質そば

夕食

糖質	60.8g
脂質	96.9g
タンパク質	75.4g

- 鯵マリネとミックスサラダ
- 白身魚の刺身　土佐酢添え
- 豚肉柚子胡椒風味ソテー
- ガーリックライス（低糖質）

RECIPE
- **豚ひき肉と豆腐の担々スープ**

RECIPE

豚ひき肉と豆腐の担々スープ

糖 4.5g　脂 12.8g　タ 13.2g

材料／1人分

豚ひき肉	50g
豆腐	1/4丁
鶏ガラスープ	200ml
醤油	小さじ1
砂糖（低糖質）	小さじ1
青ネギ	少々

▶合わせ調味料

味噌	小さじ1
豆板醤	小さじ1/2
醤油	小さじ1
白ねり胡麻	小さじ2

作り方

① 熱したフライパンに油を引かずに豚ひき肉を入れて、細かくほぐしながら加熱したら、醤油、砂糖（低糖質）を入れて混ぜ合わせ、一度ボウルに移す。

② 小鍋に鶏ガラスープ、豆腐を入れて一煮立ちさせたら、合わせ調味料を入れる。

③ ❷に❶のひき肉を加えて味を調えて小口切りの青ネギを散らして盛り付ける。

4日目

MENU

朝食

糖質............52.3g
脂質............48.5g
タンパク質..31.4g

- ごはん
- 豆腐とあおさの味噌汁
- 目玉焼き　2個
- 納豆
- ツナマヨネーズ
- 海苔

昼食

糖質............55.3g
脂質............117.3g
タンパク質..67.5g

- 彩り野菜サラダ
- 鶏肉と野菜のグリル
- 海老とマッシュルームの豆乳クリームペンネ　生海苔風味

夕食

糖質............56.4g
脂質............93.8g
タンパク質..86.3g

- あさりと緑野菜のスープ
- いわしのカルパッチョ
- 白身魚と野菜のソテー　バルサミコソース
- RECIPE ☞ **鯖めし**
- 味噌汁

RECIPE

鯖めし

糖 46.6g　脂 51.3g　タ 47.2g

材料／1人分

鯖..........180g
ごはん（低糖質）..........150g
塩..........少々
胡麻油..........小さじ1
大葉..........2枚
白胡麻..........適量

▶合わせ調味料

しょうが（すりおろし）..........小さじ1/2
醤油..........大さじ1
寿司酢..........大さじ1
胡麻油..........大さじ1
白すり胡麻..........適量

作り方

① 鯖に塩を振り、フライパンに胡麻油を引いてソテーしたら、半身分だけほぐす。
② 炊き上がりのごはんに❶のほぐした半身を入れたら合わせ調味料を加えてしゃもじで混ぜる。
③ 器に❷を盛り付けて、もう半身分の鯖をのせたら、千切りの大葉、白胡麻をのせる。

5日目

MENU

朝食

糖質…………52.3g
脂質…………48.5g
タンパク質…31.4g

- ごはん
- 豆腐とあおさの味噌汁
- 目玉焼き　2個
- 納豆
- ツナマヨネーズ
- 海苔

昼食

糖質…………50.2g
脂質…………68.7g
タンパク質…77.5g

- サーモンの混ぜごはん（低糖質）
- 有頭海老の味噌汁
- たことわかめの土佐酢和え
- 鯖のシンプルグリル
- ミックスサラダ

夕食

糖質…………61.9g
脂質…………50.2g
タンパク質…74.5g

- 野菜のミネストローネ
- いわしのお刺身サラダ
- RECIPE ☞ **いかと野菜のアンチョビソテー**
- 鶏肉と青ネギの和風パスタ

RECIPE

いかと野菜のアンチョビソテー

糖 2.5g　脂 22.8g　タ 14.0g

材料／1人分

いか（輪切り）…………60g
赤パプリカ…………10g
黄パプリカ…………10g
ズッキーニ…………10g
マッシュルーム…………2個
アスパラガス…………1本
ミニトマト…………2個
ケール…………適量
アンチョビ…………大さじ1/2
にんにく（つぶし）…………小さじ1
オリーブオイル…………小さじ1

作り方

① 全材料を好みの大きさにカットする。
② フライパンにオリーブオイルを引き（弱火）、にんにくを入れてキツネ色になったらアンチョビを加えてほぐす。
③ いか、野菜を順に入れて、中火にしてソテーし、盛り付ける。

6日目

MENU

朝食
糖質……52.3g
脂質……48.5g
タンパク質…31.4g

・ごはん
・豆腐とあおさの味噌汁
・目玉焼き　2個
・納豆
・ツナマヨネーズ
・海苔

昼食
糖質……42.5g
脂質……69.6g
タンパク質…52.8g

・まぐろのカマと大根煮
・しらすとミックス野菜サラダ
・白身魚の刺身
・ごはん（低糖質）
・豆腐とあおさのお吸い物

夕食
糖質……57.6g
脂質……55.4g
タンパク質…79.6g

・海老とパプリカのスープ
・炙りしめ鯖のサラダ
RECIPE ☞・**かつおの竜田焼き揚げ**
・まぐろの漬け丼（低糖質ごはん）

RECIPE

かつおの竜田焼き揚げ

糖 10.1g　脂 12.5g　タ 23.6g

材料／1人分

かつお（サク）……100g
卵……1/2個
塩……ひとつまみ
胡麻油……小さじ2
片栗粉……適量
青ネギ……適量

▸合わせ調味料

にんにく（すりおろし）……小さじ1
しょうが（すりおろし）……小さじ1
醤油……小さじ1
みりん……小さじ1

作り方

① かつおの水気を切り、食べやすい大きさにカットして、全体に塩を振る。

② 合わせ調味料をかつおに揉み込んで、10分程度冷蔵庫で寝かせる。

③ ❷のかつおを溶き卵にくぐらせて、片栗粉をまぶす。

④ 熱したフライパンに胡麻油を引き、かつおを両面焼く。仕上げに小口切りの青ネギを散らして盛り付ける。

7日目

MENU

朝食

糖質…………52.3g
脂質…………48.5g
タンパク質…31.4g

・ごはん
・豆腐とあおさの味噌汁
・目玉焼き　2個
・納豆
・ツナマヨネーズ
・海苔

昼食

糖質…………50.8g
脂質…………42.1g
タンパク質…66.6g

・鶏南蛮ソテー
・あさりと野菜のバターソテー
・もずく酢
・ごはん（低糖質）
・海老の味噌汁

夕食

糖質…………51.7g
脂質…………100.8g
タンパク質 70.8g

・ツナとミックス野菜のサラダ
・白身魚のお刺身
・サーモンのグリル
　アボカドディップ添え

RECIPE
・**いわしの蒲焼丼**

RECIPE

いわしの蒲焼丼

糖 48.5g　脂 20.6g　タ 25.6g

材料／1人分

いわし（三枚おろし）…………60g
ごはん（低糖質）…………160g
片栗粉…………適量
胡麻油…………小さじ1
青ネギ…………適量
白胡麻…………適量

▶合わせ調味料

かつお出汁…………10ml
砂糖（低糖質）…………小さじ1
醤油…………小さじ2

作り方

① いわしの水気を切り、片栗粉をまぶしたら、フライパンに胡麻油を引き両面を焼く。
② キッチンペーパーで余分な油を拭き取り、合わせ調味料を入れて煮からめたら、小口切りの青ネギを散らす。
③ 器にごはんを盛り、❷をのせて白胡麻を振りかける。

8日目

MENU

朝食
糖質……52.3g
脂質……48.5g
タンパク質……31.4g

- ごはん
- 豆腐とあおさの味噌汁
- 目玉焼き　2個
- 納豆
- ツナマヨネーズ
- 海苔

昼食
糖質……55.4g
脂質……51.0g
タンパク質……53.7g

- サーモンとマッシュルームの豆乳スープ
- 牛肉のグリル フレッシュトマトソース
- ガーリックごはん（低糖質）
- ほうれん草のバターソテー

夕食
糖質……63.8g
脂質……85.9g
タンパク質……98.4g

- 豚肉と紫キャベツのスープ
- RECIPE ☞ **白身魚のお刺身サラダ 梅ドレッシング**
- 鶏肉のグリル
- まぐろのトマトソーススパゲティ

RECIPE

白身魚のお刺身サラダ 梅ドレッシング

糖 1.3g　脂 29.8g　タ 22.2g

材料／1人分

白身魚（お刺身用）……80g
塩……少々
ミックスサラダ……25g
海苔……適量
オリーブオイル……小さじ2

▸梅ドレッシング

醤油……小さじ1
梅干し……小さじ2
白ワインビネガー……小さじ2

作り方

① 梅ドレッシングを作る（たたき梅に、材料を合わせてスプーンで混ぜる）。

② ボウルにミックスサラダを用意し、オリーブオイルでマリネする。白身魚に軽く塩を振る。

③ ミックスサラダを盛り付けて、ちぎった海苔、薄切りの白身魚をのせたら、梅ドレッシングをまわしかける。

9日目

MENU

朝食

糖質……52.3g
脂質……48.5g
タンパク質……31.4g

- ごはん
- 豆腐とあおさの味噌汁
- 目玉焼き　2個
- 納豆
- ツナマヨネーズ
- 海苔

昼食

糖質……46.4g
脂質……69.6g
タンパク質……47.6g

- ミックスサラダ
- 鶏胸肉と茄子の甘酢あんかけソース
- 海鮮チャーハン（低糖質ごはん）
- 玉子とわかめのスープ

夕食

糖質……55.5g
脂質……61.1g
タンパク質……71.7g

- ミックスサラダ カルボナーラソース
- RECIPE ☞ **かつおのたたき アンチョビと フレッシュトマトソース**
- 豚肉のロールキャベツ
- たことトマトのリゾット（低糖質ごはん）

RECIPE

かつおのたたき アンチョビとフレッシュトマトソース

糖 5.6g　脂 12.6g　タ 29.4g

材料／1人分

かつお（サク）……100g
ミニトマト……2個
ミックスサラダ……適量
塩……少々
大葉（千切り）……適量

▸アンチョビとフレッシュトマトソース

トマト（さいの目）……1個
アンチョビ……小さじ1/2
にんにく（みじん切り）……1片
しょうが（みじん切り）……少々
オリーブオイル……小さじ1
醤油……小さじ1
白ワインビネガー……小さじ2

作り方

① かつおに塩を振り、強火でさっと焼く。
② フライパンに、オリーブオイル、にんにくを入れ弱火でキツネ色にし、しょうが、アンチョビを入れる。
③ ❷にトマトを入れて軽くソテーし、醤油、白ワインビネガーを入れる。
④ 皿にミックスサラダ、カットしたかつおを盛り付ける。❸をまわしかけてミニトマトを添え、大葉を散らす。

10日目

MENU

朝食

糖質……52.3g
脂質……48.5g
タンパク質……31.4g

・ごはん
・豆腐とあおさの味噌汁
・目玉焼き　2個
・納豆
・ツナマヨネーズ
・海苔

昼食

糖質……50.7g
脂質……51.6g
タンパク質……67.2g

・しらすの和風サラダ
・いかと大根の煮物
・お刺身盛り合わせ
・ごはん（低糖質）
・味噌汁

夕食

糖質……42.5g
脂質……90.5g
タンパク質……64.7g

RECIPE ☞ **・赤野菜の豆乳ポタージュ**
・いわしのお刺身サラダ
・白身魚と野菜の
アンチョビバターソテー
・海鮮お好み焼き

RECIPE

赤野菜の豆乳ポタージュ

糖 12.9g　脂 17.0g　タ 5.8g

材料／1人分

豆乳……70ml
あさり……4個
玉ねぎ……60g
赤パプリカ……125g
ミニトマト……3個
オリーブオイル……小さじ1
塩……ひとつまみ

作り方

① あさり豆乳を作る。鍋に豆乳、水洗いしたあさりを入れて加熱し、あさりの出汁を豆乳に移したら、ざるでこす（あさりは出汁として使用したら身は使わない）。
② 鍋にオリーブオイルを引き、スライスした玉ねぎ、カットしたパプリカ、ミニトマトを順に入れて塩を振ってソテーする。
③ ❷に❶を入れて10分程度煮込んだら、ミキサーで回して器に盛り付ける。

11日目

MENU

朝食

糖質 ………… 52.3g
脂質 ………… 48.5g
タンパク質 .. 31.4g

・ごはん
・豆腐とあおさの味噌汁
・目玉焼き　2個
・納豆
・ツナマヨネーズ
・海苔

昼食

糖質 ………… 50.3g
脂質 ………… 73.8g
タンパク質 .. 64.1g

・牛肉と野菜のビビンバ丼（低糖質ごはん）
・わかめスープ
・白身魚のグリルサラダ フレッシュトマトソース
・レンズ豆の煮込み

夕食

糖質 ………… 55.0g
脂質 ………… 58.5g
タンパク質 .. 73.2g

・海老とトマトのカレースープ ヨーグルト風味
・**たこのカルパッチョ ガーリックレモンソース**（RECIPE）
・白身魚のつみれ鍋
・雑炊（低糖質ごはん）

RECIPE

たこのカルパッチョ ガーリックレモンソース

糖 2.8g　脂 26.2g　タ 14.9g

材料／1人分

たこ（お刺身用） ……… 70g
にんにく（みじん切り） ……… 1片
オリーブオイル ……… 小さじ2
魚醤 ……… 小さじ1
レモン汁 ……… 1/2個分

作り方

① たこを薄くスライスし、皿に並べる。
② フライパンにオリーブオイル、にんにくを入れて弱火で加熱し、にんにくがキツネ色になったら、フライパンを火から外して、魚醤、レモン汁を加え、粗熱をとる。
③ たこに❷のソースをまわしかける。

12日目

MENU

朝食

糖質 …… 52.3g
脂質 …… 48.5g
タンパク質 …… 31.4g

- ごはん
- 豆腐とあおさの味噌汁
- 目玉焼き　2個
- 納豆
- ツナマヨネーズ
- 海苔

昼食

糖質 …… 44.6g
脂質 …… 79.4g
タンパク質 …… 79.6g

- キャベツのスープ
- まぐろとアボカドのマリネ
- ずわい蟹と野菜の
ガーリックソテー
- 焼肉重（低糖質ごはん）

夕食

糖質 …… 58.3g
脂質 …… 66.4g
タンパク質 …… 83.5g

- 鶏つくねと白菜の
豆乳クリームスープ

RECIPE
- **しらすと彩り野菜サラダ
自家製魚醤ドレッシング**
- 豚肉と野菜のグリル
- まぐろとネギの和風パスタ

RECIPE

しらすと彩り野菜サラダ 自家製魚醤ドレッシング

糖 2.9g　脂 17.9g　タ 5.8g

材料／1人分

しらす …… 10g
ミックスサラダ …… 12.5g
赤パプリカ …… 5g
黄パプリカ …… 5g
アボカド …… 1/8個

▶魚醤ドレッシング

魚醤 …… 小さじ1
醤油 …… 小さじ1/2
ホワイトバルサミコ酢 …… 小さじ1
砂糖（低糖質） …… 小さじ1/2
しょうが（すりおろし） …… 小さじ1/2
白すり胡麻 …… 少々
胡麻油 …… 小さじ1/2

作り方

① 魚醤ドレッシングを作る（全材料をボウルで合わせる）。
② 皿にミックスサラダを盛り付け、好みの大きさにカットしたパプリカ、アボカド、しらすをのせ、ドレッシングをまわしかける。

13日目

MENU

朝食

糖質	**52.3g**
脂質	**48.5g**
タンパク質	**31.4g**

・ごはん
・豆腐とあおさの味噌汁
・目玉焼き　2個
・納豆
・ツナマヨネーズ
・海苔

昼食

糖質	**51.4g**
脂質	**71.4g**
タンパク質	**59.3g**

・しらすとブロッコリーのサラダ
・ほうれん草のお浸し
・低糖質パン粉のとんかつ
・ごはん（低糖質）
・海老の味噌汁

夕食

糖質	**61.1g**
脂質	**72.2g**
タンパク質	**90.2g**

・サーモンの照り焼きサラダ
・いわしのカルパッチョ
RECIPE ☞ **・白身魚のグリル フレッシュトマトマリネ**
・魚介のパエリア（低糖質ごはん）

RECIPE

白身魚のグリル フレッシュトマトマリネ

糖 4.6g　脂 26.4g　タ 32.6g

材料／1人分

白身魚	150g
オリーブオイル	大さじ1/2
塩	少々

▸トマトマリネ

トマト	100g
オリーブオイル	小さじ1
にんにく（すりおろし）	小さじ1/2
酢	小さじ2
塩	ひとつまみ
バルサミコ酢	少々
バジル（ちぎる）	少々

作り方

① トマトマリネを作る（トマトをさいの目にカットし、その他の材料を加えてマリネする）。
② 白身魚に塩を振り、熱したフライパンにオリーブオイルを引いて、白身魚を皮面からソテーする。
③ ソテーした白身魚に❶をかける。

14日目

MENU

朝食

- 糖質 52.3g
- 脂質 48.5g
- タンパク質 31.4g

- ごはん
- 豆腐とあおさの味噌汁
- 目玉焼き　2個
- 納豆
- ツナマヨネーズ
- 海苔

昼食

- 糖質 57.5g
- 脂質 73.9g
- タンパク質 46.6g

- ずわい蟹と彩り野菜のサラダ
- わかめとアボカドの土佐酢和え
- 鯖の竜田焼き
- 豚肉の担々低糖質うどん

夕食

- 糖質 40.4g
- 脂質 70.0g
- タンパク質 87.8g

RECIPE ☞
- **たことブロッコリーのスープ**
- 焼肉サラダ
- 鯛《たい》のソテー 生海苔ソース
- 鶏肉と舞茸の低糖質そば

RECIPE

たことブロッコリーのスープ

糖 4.3g　脂 4.1g　タ 12.9g

材料／1人分

たこ（ゆで）	30g
ブロッコリー	130g
玉ねぎ	25g
かつお出汁	130ml
オリーブオイル	小さじ1
塩	適量

作り方

① 鍋にオリーブオイルを引いて、スライスした玉ねぎをソテーする。

② かつお出汁を加えて一煮立ちさせたら、小房に分けたブロッコリーと塩を入れて、3分程度煮込む。

③ ❷をミキサーにかけなめらかにして器に盛り付け、仕上げにカットしたたこを入れる。

終章

成長を続けるため、「食事」を武器にする

僕はつねに成長したい、進化したいと願っている。

大学在学中にプロになり、イタリアの名門クラブでプレーし、日本代表としてワールドカップに3回連続して出場……。端から見たら、恵まれたキャリアかもしれない。

世界を舞台に貴重な体験を積ませてもらっていることには感謝しているが、これまでの人生を振り返って、自分に満足した瞬間は一度もない。

どこかにもっと成長できるきっかけはないか。進化のチャンスはないか。それを貪欲に探し続けているのが、長友佑都という人間の生き方だ。

僕は時間を惜しんでいろいろな人に会って話を聞いたり、面白いと思ったらサッカーと無関係の本も読んだりする。そして、そこから得た知識や情報を決して鵜呑みにしないで、自分の経験にまで落とし込む。それが少しでも成長につながればいいと思っている。

成長ではなく成功を求めたら、失敗を恐れてチャレンジしなくなる。成功を求めると、そこで成長がストップしてしまうのだ。

成功は目的ではなく結果であり、成長を求めて進化を続けるプロセスで得られるもの。サッカーに限らず、それがプロフェッショナルに求められる流儀だ。

そしてワールドカップ・ロシア大会のベルギー戦で改めて感じたのは〝走力〟の弱さだ。サッカーとは走りながら行うスポーツだ。〝走力〟とは単に走るだけではなく、スプリント（瞬発力）、アジリティ（敏捷性）、スピード、スタミナなどをすべて含めた能力。〝走力〟が高い選手は、動けるマス目（範囲）がそれだけ大きい。

決勝トーナメントで、ベルギーが日本戦逆転勝利を呼び込んだ最後のわずか9・35秒のカウンターは、たった5名が7本のボールタッチで決めた。それはベルギーの選手一人ひとりの〝走力〟が高く、動けるマス目が大きかったからだ。

ただ、この走力が弱いという日本人の弱点は、日本サッカーが成長するきっかけを与えてくれる。弱点とは裏を返せば伸び代である。こうした思いと経験を、僕は若い世代に伝える義務がある。それが僕を育ててくれた日本代表にできる恩返しだ。

食事に関しても、このスタンスは変わらない。

2017年9月、僕は『長友佑都の食事革命』という本を出した。

その本の最後に次のように書いている。

「選手生命が終わりを告げるまで、これからも僕の食のトレーニングは続いていく。いや、幸福であり続けるために、形を変えたとしても僕なりの『食事革命』は続いていくだろう」

この言葉通り、『食事革命』からさらに成長、進化した先に見えたのが、この本で紹介しているファットアダプトに他ならない。

シェフに続いてドクターとの出会いがあり、そこで僕の食生活のいくつかの点についてアドバイスを頂戴した。すでに触れた通りだ。

指摘を受けて僕は素直に嬉しかった。負け惜しみを言っているのではない。

逆に「パーフェクトな食事です。文句のつけようもありません」と言われたら、僕はとても寂しい気持ちになっただろう。僕は弱点こそ成長するチャンスだと思っているから、完璧でどこも修正点がないと指摘されたら、それは「お前はそれ以上成長しない」と最後通告を受けたように感じるに違いない。

このファットアダプトも、食に対する最終的な解答ではないことも考えられる。もっともっと進化させる余地があるかもしれない。一度ここで筆をおくが、これからもさらなる成長を求めて、僕の食事探求の旅は続いていく。

ファットアダプトのおかげもあり、プロ生活12年間のキャリアのなかで、僕はいちばん良いコンディションを維持している。

プロになったとき、まさか自分がトルコでプレーするとは思わなかった。

しかしトルコに来てみると、ファンたちがサッカーにかける情熱は〝カルチョ（サッカー）の国〟といわれるイタリア以上だった。何しろガラタサライSKの公開練習をスタジアムで行うと、4万人、5万人ものファンがこぞって詰めかけるのだ。

その情熱は少なからず、僕に影響を与えている。僕は試合中はつねに冷静沈着なタイプ。それなのにトルコのファンのパッションが乗り移り、試合中に情熱的なジェスチャーをするようになった。選手が熱いプレーをするとファンも熱くなり、それがまたプレーを熱くする。そういうホットな循環があるのが、トルコのサッカーだ。

ワールドカップ・ロシア大会のコロンビア戦で、スピードのあるドリブラーとして知られているファン・クアドラードを一対一で止めたとき、僕は思わずガッツポーズをした。これは完全にトルコでプレーした影響。インテル時代までの僕なら考えられない。

今後も知らない土地の未知のリーグでやってみたいという思いがある。それもまた成長に間違いなくつながるからだ。

スペインのリーガ・エスパニョーラ、イングランドのプレミアリーグといった4大リーグでプレーしたいという気持ちは強い。加えてイタリアからトルコに来て新しいサッカーのスタイルを体験できたおかげで、4大リーグ以外の面白いところでプレーするのも悪くないと思えるようになった。そこで得られる経験は人間性の幅を広げるだろうし、サッカー人生を終えた後のセカンドキャリアにも役立つだろう。

サッカー人生をいつ終えるかを決めるのは、他ならぬ自分自身。他人ではない。

僕のなかでサッカーを続けるモチベーションは、日の丸を背負って日本代表として戦い続けることだ。それくらい日の丸は重い。

2022年のカタール大会でワールドカップは終わるわけではない。その次の2026年大会は史上初となるカナダ・メキシコ・アメリカの3か国共同開催が決まっている。僕は40歳になっているが、そこでも日の丸を背負ってやりたい。5大会連続出場を果たしているのはドイツのローター・マテウス、イタリアのジャンルイジ・ブッフォンら4名だけ。そこに名を連ねたい。そう願っている。

僕自身が、日本代表としてピッチで戦える状態にないと判断したら、そのときは、現役を引退してサッカー人生に幕を下ろすときだ。

セカンドキャリアのグランドデザインはまだ描けていない。でも、達成したい夢はある。僕はずっと「世界一のサイドバック」を目指してきた。サッカー人生に幕を下ろした後もやはり「世界一」になりたいという夢がある。

人間の存在価値を決めるのは、どれだけ多くの人に求められて、良い影響を与えられるかだと思っている。だから「世界一」多くの人に求められ、良い影響を与えられるような人間になりたい。それが僕の夢だ。それを達成するには、知名度や注目度が高いだけではダメ。どのような生き方をしているかが問われる。だからこそ僕は夢を追い続ける。失敗を恐れずにチャレンジを繰り返す。つねに成長を求めて努力する。

夢は叶えられそうになったら、もはや夢ではない。具体的な目標だ。「世界一」になるという夢を目標に変えるうえでも、食で体調を万全に整えてくれるファットアダプトは、僕の人生にいちばん近くで寄り添ってくれる宝物なのである。

ドクターが解説するファットアダプトの科学的根拠
エビデンス編

——山田悟

エリートアスリートはファットアダプトでも筋肉のグリコーゲンは減らない

トライアスロンやウルトラマラソンのような超持久的な運動では、エネルギー源として筋肉中のグリコーゲンが重視されています。運動中には糖質と脂質が同時に使われます。体脂肪として貯蔵されている脂質のストック量より、筋グリコーゲンとして貯蔵されている糖質のストック量が圧倒的に少ないため、筋グリコーゲンの枯渇がパフォーマンスの低下に直結する恐れがあるからです。

糖質を適量まで減らすファットアダプトでは筋グリコーゲンの減少が心配されますが、その懸念を覆す研究結果が出ています。

この研究では、20名のアイアンマン・ディスタンス（スイム3・8km、バイク180・2km、ラン42・195km）のトライアスロン選手と、フルマラソン以上の距離を走るウルトラマラソン選手（ともにエリートレベル）に協力してもらい、10名ずつの2つのグループで研究が行われました（Metabolism 2016, 65, 100-110）。

元来、高糖質を摂取している高糖質食グループ10名は糖質59%、たんぱく質14%、脂質25%の食事を、元来、低糖質食を摂取している低糖質・高脂質食グループ10名は糖質10%、たんぱく質19%、脂質70%の食事をそれぞれ平均20か月間（9か月から36か月）続けました。高糖質食グループの食事内容は日本の成人の食事内容（糖質58%、たんぱく質15%、脂質27%）に、低糖質・高脂質食はファットアダプトにそれぞれ近いといえるでしょう（エビデンス編で取り上げる研究論文の原文は、いずれも糖質ではなく炭水化物と記載されていますが、以降糖質で統一します）。

その後、トレッドミル（ランニングマシン）で3時間のランニングを行い、それぞれの代謝活動の違いを検討しました。その結果、運動のエネルギー源として脂質を使う割合はピーク時で、低糖質・高脂質食グループは高糖質食グループよりも2倍以上高くなっていました。そして3時間のランニング後の筋グリコーゲン量（運動前より約64%減少）、2時間の回復期間後の筋グリコーゲン量（運動前より約36%減少）にはどちらとも、2グループで統計的に有意な差は見受けられませんでした。

一方、運動中のエネルギー源を調べてみると、低糖質・高脂質食グループでは、安定して脂質を中心にエネルギー源としていたのに対し、高糖質食グループでは、運動開始当初は糖質を中心にエネルギー源としていたにもかかわらず、徐々に脂質をエネルギー源とするように変化していたのです。このことは普段、高糖質食を摂取している高糖質食グループですら、運動中のエネルギーとして筋グリコーゲンに頼り切ることはできないことを示唆しています。

逆に低糖質・高糖質食グループのようにファット・アダプテーションを起こし、運動中に脂質をエネルギー源としてうまく使えるようになると、筋グリコーゲンの節約につながります。それにより、普段から糖質が少なめの食事をしていても、筋グリコーゲンの減少は高糖質食を摂っているケースと同等のレベルに抑えられていると推察されます。

ファットアダプトでエリートアスリートの持久力とパワーが上がった

前出のような研究でエビデンスが蓄積されるにつれて、低糖質・高脂質食であるファットアダプトは、海外ではすでにアイアンマン・ディスタンスのトライアスロンやウルトラマラソンといった、超持久系スポーツを愛好するエリートアスリート層を中心に広がってきています。

こうした現状を背景として、通常の高糖質食を食べているアスリートと、低糖質・高脂質食を食べているアスリートで、パフォーマンスがどのように変わるかを調べた試験が行われました（Metabolism 2018, 81, 25-34）。

この試験では、20名のエリートアスリートに高糖質食と低糖質・高脂質食という２つの食事法を自分で選択してもらい、12週間にわたり、自分で選択した食事と、同一のトレーニング（持久力トレーニング、筋力トレーニング、高強度インターバルトレーニング）を実施してもらいました。

高糖質食グループは11名。糖質65％、たんぱく質14％、脂質20％という割合の食事を続けました。低糖質・高脂質食グループは９名。こちらは糖質６％、たんぱく質17％、脂質77％という内容の食事を続けました。

12週間後、この食事法とトレーニングにより、低糖質・高脂質食グループでは体重と体脂肪率が有意に低下しました。

そして２つのグループに、持久力を測る１００kmのタイムトライアル、瞬発力を測る６秒間のスプリント走、及び両者から導き出されるパワーの指針であるクリティカル・パワー・テスト（ＣＰＴ）を行いました。
１００㎞タイムトライアルのタイム（パフォーマンス）では、２つのグループで有意な差が出ませんでした。

従来、高糖質食の方が持久力は高まるというのがアスリートの暗黙の了解でしたが、低糖質・高脂質食でもパフォーマンスは落ちなかったのです。さらに低糖質・高脂質食では、タイムトライアル中に脂質をエネルギー源として使っている割合が高くなっていることがわかりました。ファット・アダプテーションが起こっていたのです。

スプリント走とクリティカル・パワー・テストでは、低糖質・高脂質食グループは成績が上がったのに対して、高糖質食では下がるという対照的な結果に終わりました。

この研究から、超持久系アスリートがファットアダプトを取り入れると、持久力、瞬発力、パワーがいずれも高まり、パフォーマンスが上がると期待できます。

準エリートアスリートでも低血糖より高血糖に注意するべきだ

長友選手はファットアダプトに本格的に取り組む以前、食後に頭がぼんやりして集中できない体験を何度もされていたようです。これは糖質を含む食事をした後、血糖値が急激に上がる食後高血糖が生じてしまい、その反動で血糖値が下がりすぎる反応性低血糖を起こしていた可能性があります。

準エリートアスリートを対象とした研究では、食後高血糖を起こすタイプがかなりの割合で存在することがわかっています（J Diabetes Sci Technol 2016, 10, 1335-1343）。

この研究の対象となったのは、安静時の1分間の心拍数が60拍未満であり、トレーニングを週6回以上している10名の準エリートアスリート。一般的に持久的なトレーニングを重ねると、安静時の心拍数は低くなる傾向があります。

彼らは持続的に血糖値がモニタリングできる「ＣＧＭ」を腹部に装着。６日間普段通りに食事とトレーニングをしてもらい、血糖値の変化を記録しました。

10名中4名は、食後2時間を除外しても全モニタリング時間の70％を血糖値１０８mg／dl（いわば食前血糖値の上限）を超えた血糖状況ですごしていました。さらに10名中３名は、空腹時血糖値が糖尿病予備軍に相当する血糖値（米国糖尿病学会の定義に従い１００－１２５mg／dl）を呈していました。そして、10名中1名にすぎませんでしたが、食後高血糖の後に血糖値が72mg／dl未満という低血糖状態になっていた人もいたのです。

この結果は、激しいトレーニングのためにエネルギー消費量が多い準エリートアスリートですら、食後高血糖が問題になり得ることを示しています。そして、1名とはいえ食後高血糖に過剰に反応して低血糖状態を呈する人が存在することも明確に示しています。

この研究はニュージーランドで実施されました。対象は（おそらく）全員白人です（でしょう）。白人は日本人と比較して、インスリン分泌能力に優れ、糖質処理能力が高く、食後高血糖を呈しにくいことが知られています。その白人においてすら、レースに備えて糖質の摂取を増やすカーボ・ローディングを繰り返し行っているうち、血糖値が上がりやすい体質になっていた可能性があります。食後高血糖を起こしやすい日本人のようなタイプのアスリートが、糖質の摂取を増やすカーボ・ローディングを行うと血糖値が乱高下しやすく、糖質も脂質も上手に使えなくなり、パフォーマンスが下がってしまう恐れがあります。血糖値が乱高下しやすいアスリートが行うべきなのは、カーボ・ローディングではなくファットアダプトなのです。

飽和脂肪酸の摂取量が少ない日本人は脳卒中のリスクが上がる

動物性食品などに含まれる飽和脂肪酸の摂りすぎは従来、心臓病や脳卒中といった生活習慣病のリスクを上げると考えられてきました。ファットアダプトでは肉類や乳製品などからの飽和脂肪酸の摂取量が増えますが、その点は大丈夫なのでしょうか。

日本人を対象とした観察研究では、逆に飽和脂肪酸の摂取量が少ないと脳卒中のリスクが上がるという結果が出ています（Eur Heart J 2013, 34, 1225-1232）。観察研究とは、対象者に研究者が何ら介入を行わないで、その日常的な行動を調査・研究するものです。

研究を行ったのは、国立がん研究センターの予防研究グループ。脳卒中や心臓病などの循環器疾患にもがんにも罹っていない男女約8万2000名にアンケートに答えてもらい、平均約11年間追跡調査しました。そして飽和脂肪酸の摂取量と、脳卒中、心臓病の代表である虚血性心疾患（狭心症と心筋梗塞）の発症との関わりを調べました。

食生活に関するアンケートの回答結果から、1日あたりの飽和脂肪酸の摂取量を推定。摂取量ごとに5つのグループにわけて比較が行われました。

まずは脳卒中に関して。期間中、3192名が脳卒中になりましたが、1日に飽和脂肪酸をもっとも多く摂るグループで発症リスクがもっとも低く、飽和脂肪酸の摂取量がもっとも少ないグループと比べると23％低くなっていました。それは脳梗塞でも脳出血でも同様でした。

心臓病の一種である心筋梗塞では、脳卒中と逆の相関が見受けられ、飽和脂肪酸の摂取量が増えるにつれて、段階的に発症リスクが上がっていましたが、期間中の発症者は610人と脳卒中の5分の1にも満たない人数でした。

脳卒中と心筋梗塞、急性死を合わせた循環器疾患をトータルで見てみると、飽和脂肪酸をもっとも多く摂っているグループの発症リスクが最低。飽和脂肪酸の摂取量がもっとも少ないグループと比べると、発症リスクは18％ダウンしていました。脳卒中の発症数が心筋梗塞の5倍以上だったため、脳卒中のリスク低減の影響が大きく出たのです。

オリーブオイルや植物油の摂取を増やすと低脂質食よりも脳卒中、心筋梗塞が減った

次に紹介するのは、オリーブオイルやナッツの摂取が多い地中海食と心血管疾患イベントとの関係を調べた研究（N Engl J Med 2013, 368, 1279-1290）。心血管疾患イベントとは、脳卒中、心筋梗塞、その他の心血管が原因による死亡を表します。

この研究が対象としたのはスペイン在住の7447名。彼らは無作為に次の3つのグループに振り分けられました。こうしたタイプの研究を、ランダム化比較試験（RCT）と呼びます。研究者が意図的に介入するグループと介入しないグループに無作為（ランダム）に振り分けているため、精度の高い研究が行えます。

①エキストラバージンオリーブオイルを1週間に1ℓ使う地中海食を指導されたグループ
②ミックスナッツを1日に30g（内容はクルミ15g、ヘーゼルナッツ7・5g、アーモンド7・5g）を食べる地中海食を指導されたグループ（クルミとヘーゼルナッツの約70%、アーモンドの約50%は脂質です）。
③オリーブオイルとナッツからの脂質の摂取を抑えるように指導されたグループ

3つのグループともカロリー制限やトレーニングの指導は行われませんでした。

果たして結果はどうなったでしょうか。アブラ＝心臓や血管に悪い、という大昔の刷り込みにとらわれていると、オリーブオイルやナッツからの脂質の摂取を抑えたグループで、心血管疾患イベントがいちばん低く抑えられるように思えます。

しかし、およそ5年間にわたった追跡調査の結果は、そうした思い込みを覆すものでした。5年の間に、合計288名が心血管疾患イベントを起こしました。その割合はオリーブオイルを中心とした地中海食グループとナッツを中心とした地中海食グループでは、脂質摂取を抑えたグループよりも30%低く抑えられたのです。

オリーブオイルに多く含まれるのはオレイン酸。オメガ9と呼ばれる脂肪酸です。ミックスナッツのうちでも、ヘーゼルナッツとアーモンドはオレイン酸、クルミはα－リノレン酸とリノール酸を多く含んでいます。α－リノレン酸はオメガ3、リノール酸はオメガ6と呼ばれる脂肪酸です。

この研究からオリーブオイルやナッツのような植物油を多く摂る地中海食では、心血管疾患イベントが低下することが示唆されます。1ℓのオリーブオイルを1週間で使い切るのは和食に慣れ親しんでいる日本人には難しいと思われますので、ミックスナッツを間食などに取り入れた地中海食を試してみると良いでしょう。

減量によるエネルギー消費量の減少は脂質を減らしたグループで最大になる

減量後、落とした体重が元に戻る現象は俗にリバウンドと呼ばれています。ときには、減量前の体重よりも増えてしまうことすらあります。

リバウンドの一因は、減量中に基礎代謝量などのエネルギー消費量が落ちてしまうため。減量を終えて食事からのエネルギー摂取量を元に戻すと、エネルギー消費量の減少分だけ、エネルギー収支がプラスに傾いて太りやすくなるのです。

減量後に糖質を減らして食事をした場合と、脂質を減らして食事をした場合では、減量後のエネルギー消費量の落ち込みに差があるという研究結果が出ています（JAMA 2012, 307, 2627-2634）。つまり何を減らしておくのかでリバウンドしやすさに差があるようなのです。

研究に参加したのは、新聞広告や投稿に応じた21名の肥満者たち。

まずは全員に10～15％の減量をしてもらった後、次の３つのグループにわけて４週間食事をしてもらい、エネルギー消費量の変化を調べました。摂取カロリーは同じになるように調整しています。
①低脂質食（糖質60％、たんぱく質20％、脂質20％）
②低ＧＩ（グライセミックインデックス）食（糖質40％、たんぱく質20％、脂質40％）
③低糖質食（糖質10％、たんぱく質30％、脂質60％）

研究者が調べたのは基礎代謝量とほぼ相関する安静時のエネルギー消費量（ＲＥＥ）と、安静時以外も含めた総エネルギー消費量（ＴＥＥ）。

このうち総エネルギー消費量がもっとも落ち込んだのは、低脂質食グループ。１日平均マイナス４２３キロカロリーでした。逆に総エネルギー消費量の落ち込みがいちばん少なかったのは低糖質食。１日平均マイナス97キロカロリーでした。

同様に安静時のエネルギー消費量がもっとも落ち込んだのも、低脂質食グループ。１日平均マイナス２０５キロカロリーでした。やはり１日の安静時のエネルギー消費量の落ち込みがいちばん少なかったのは低糖質食。１日平均マイナス１３８キロカロリーでした。

総エネルギー消費量の落ち込みと安静時のエネルギー消費量の落ち込みの差異を考えると、低糖質食では元気な活動を維持・向上できているのに対して、低脂質食では元気な活動が減り、身体活動によるエネルギー消費量も低下してしまっているものと予測されます。

この結果を踏まえると、減量する際は脂質を減らすのではなく、糖質を減らした方が、エネルギー消費量の落ち込みが抑えられてリバウンドは起こりにくいようです。

カロリー制限は骨密度と筋肉量を低下させる。継続も難しい

カロリー制限がアンチエイジングに役立つという主張がありますが、カロリー制限にはマイナス面もあることを知っておくべきです。

ある研究では、2年間のカロリー制限によって骨密度が低下してしまう可能性が示されています（J Bone Miner Res 2016, 31, 40-51）。

骨はたんぱく質で作られたフレームにカルシウムなどのミネラルが硬く結晶したもの。このたんぱく質やミネラルの密度を、骨密度と呼びます。骨密度が下がりすぎると骨がスカスカになって弱くなり、転倒などによる骨折のリスクが高まります。

研究では、218名の参加者（通常体重の人、またはわずかな肥満者）を無作為に、25%のカロリー制限を行うグループに143名、これまで通りの食生活を続けるグループに

75名を振り分けました。両グループともに運動の指導は行われず、マルチビタミンとカルシウムのサプリメントが与えられました。

カロリー制限グループは、研究開始前の1日のエネルギー摂取量は平均2126キロカロリー。初めの1年間はそこから280キロカロリー、最終的には216キロカロリーの減少を実現していました。これまでの食生活を続けるグループでは、1日のエネルギー摂取量は大きく増減せずにほぼ保たれていました。

2年後、カロリー制限グループは平均7・5kgの減量を達成し、体脂肪率は平均5・3%落ちていました。それまでの食生活を続けたグループでは、体重にも体脂肪率にも目立った変化は見受けられませんでした。

カロリー制限グループは減量に成功していますが、その反面、背骨(腰椎)や大腿の骨(大腿骨頸部)などで骨密度が有意に低下していました。またこの試験を再度分析した研究(Am J Clin Nutr 2017, 105, 913-927)では、カロリー制限グループでは除脂肪体重の減少も報告されています。除脂肪体重とは、体脂肪量を除いた体重であり、筋肉量と相関します。つまりカロリー制限は骨も筋肉も削ったわけです。

2年間の試験中、2つのグループをあわせて32名が途中で脱落しています。

これまで通りの食生活を続けるグループでは脱落者は75名中4名（3名は妊娠したため。1名は試験への同意を撤回したため）でしたが、カロリー制限グループでは143名中28名が脱落しました。うち3名は骨密度の低下、4名は治療が難しい貧血が生じ、ドクターストップがかかりました。カロリー制限を続ける難しさと危険性を示唆しています。

血糖値の乱高下は認知機能の低下リスクと関係している

血糖値スパイクなどの血糖値の乱高下の目安の一つに、血糖値の1日の平均的な振り幅（MAGE）があります。

MAGEは、網膜や腎臓などに深刻なダメージを及ぼす糖尿病の合併症を引き起こすリスクと関係しているとされていますが、その他にもMAGEが大きいと、認知機能を下げて認知症のリスクを高める恐れもあります（Diabetes Care 2010, 33, 2169-2174）。

この研究では、慢性的な高血糖、食後血糖、空腹時血糖とは関わりがなく、MAGEが単独でどのくらい認知機能に影響を与えるかを調べています。

研究に参加してくれたのは、イタリアはナポリ在住の2型糖尿病の高齢患者121名(平均年齢は78歳)。2型糖尿病とは、遺伝的体質に加えて偏った食事や運動不足といった生活習慣の蓄積によって起こる糖尿病。日本では糖尿病の95%以上は2型糖尿病です。

被験者に認知機能テストを受けてもらったところ、MAGEを見ると、大きく血糖値が乱高下しているタイプほど認知機能が落ちていることがわかりました。一方、慢性的な高血糖、食後血糖、空腹時血糖は、認知機能テストの成績には有意な関係が見受けられませんでした。MAGEは単独で認知機能の低下をもたらしていたのです。

認知機能の評価には、10~15分の短時間で認知機能を調べるテストとして世界的にミニメンタルステート検査(MMSE)が使われています。30点満点中23点以下で認知症、27点以下は軽度認知障害の疑いがあると判定されます。

なぜ血糖値の乱高下だけが認知機能の低下と関わるのでしょうか。

研究者は、この研究は観察研究であり、両者の因果関係を導き出すのは困難であると認めています。あえて考察するなら、MAGEによって引き起こされる酸化ストレスの増大が認知機能の低下の背景にあると思われます。

血糖値の乱高下があると、尿中に排泄される酸化ストレスのマーカーが増えるという研究があります（JAMA 2006, 295, 1681-1687）。

ＭＡＧＥが示す血糖値の乱高下で酸化ストレスが増えると、脳を構成している神経細胞にダメージが及びます。神経細胞にダメージが蓄積すると、それが認知機能の低下に結びつくことが考えられます。

食後の血糖値の上昇、血糖値の乱高下で炎症が起こって血管のダメージになる

糖尿病患者では、血液中のインターロイキン－６（ＩＬ－６）や腫瘍壊死因子（ＴＮＦ－α）といったサイトカインが増えることが知られています。サイトカインとは、細胞から分泌される生理活性の高いたんぱく質の総称です。

ＩＬ－６やＴＮＦ－αといったサイトカインは、免疫系を活性化する物質として人体に必要不可欠な物質です。しかし、何事も過ぎたるは猶及ばざるが如し。過剰に分泌されると不必要に炎症を起こしてしまい、血管のダメージとなることが知られています。

この研究では、20名の健常者と15名の糖尿病予備群（ＩＧＴと呼ばれる食後の血糖値が

高いタイプ）で、静脈に糖質（ブドウ糖）を入れて人工的に血糖値を上昇させた場合、ＩＬ－６やＴＮＦ－αがどう変化するかを検証しました（Circulation 2002, 106, 2067-2072）。

検証の結果、健常者と比べて糖尿病予備群では、糖質投与後に、ＩＬ－６やＴＮＦ－αが有意に上昇していました。これは、普段から高血糖にさらされることで炎症が惹起されやすいことを示唆しています。しかし、それ以上に驚くべきことは、安定した高血糖よりも２時間ごとに間欠的に高血糖にさらされた方が、ＩＬ－６やＴＮＦ－αの上昇が大きかったということです。

もちろん、高血糖が解除されて一度血糖値が正常化すると、ＩＬ－６やＴＮＦ－αも正常化しようとするのですが、正常化するのには３、４時間かかる（健常者よりも糖尿病予備群の方が正常化するのにかかる時間が長い）ため、間欠的に高血糖にさらされると、高血糖が生じるたびにＩＬ－６やＴＮＦ－αのピークの値がどんどんと上昇してしまい、結果として安定した高血糖状態よりもＩＬ－６やＴＮＦ－αの値が高くなってしまうのです。

次に、血糖値の上下動が細胞成分に由来する免疫反応・炎症反応でも血管にダメージを与えるという研究結果を紹介しましょう。マウスの心臓から延びる大動脈で、血管壁にこびりついているマクロファージの数を調べた研究です（Biochem Biophys Res Commun

2007, 358, 679-685)。

マクロファージとは、血中を巡回している白血球の一種。ＩＬ−６やＴＮＦ−αと同じように炎症作用に関わっており、異物を食べて処理する作用があります。

この研究では、高血糖がずっと続いているマウスと、血糖値が乱高下しているマウスで、大動脈の血管壁にこびりついているマクロファージの数を比べました。すると持続的に血糖値が高くなっているグループよりも、血糖値の乱高下を繰り返しているグループの方が、マクロファージの数が多いとわかりました。

マクロファージが血管壁にこびりつくことは、動脈硬化のファーストステップであると認識されています。すなわちヒトの動脈硬化は、酸化したＬＤＬコレステロールを異物と認識したマクロファージが血管壁に入り込み、そこで役目を終えて死んで沈着することからドミノ倒し的に進行するのです。つまり、マクロファージの血管壁へのこびりつきが増えているのは、動脈硬化が生じているサイン。血糖値の乱高下が血管にダメージを与えていることの証しなのです。

このように糖質過多による血糖値の異常はサイトカインから見てもマクロファージから見ても、血管に悪い影響を与えていると考えられます。

あとがき

この10年間、栄養学（食事療法学）は大転換を起こしてきました。例えば、糖尿病の食事療法として、長らく脂質を控えたり、エネルギー量を制限したりすることが推奨され、糖質を控えて脂質をたくさん食べるなどという食事法は完全に否定されていました。

しかし、２００６年の栄養勧告では従来の考え方に従って糖質制限食を勧められないとしていた米国糖尿病学会（Diabetes Care 2006, 29, 2140-2157）は、２００８年の段階で1年までという条件付きで糖質制限食を認め（Diabetes Care 2008, 31, S61-S78）、２０１３年の段階で地中海食などと並んで無条件の第一選択肢とし（Diabetes Care 2013, 36, 3821-3842）、そして、２０１９年の時点ではどんな食事をするにせよ、糖質を制限することが糖尿病治療として最善としたのです（Diabetes Care 2019, 42, 731-754）。

スポーツ栄養学もそうです。20世紀の頃は、カーボ・ローディングといって、糖質をふんだんに摂取し、逆に脂質を控えるという食事法が流行していました。この食事法を支持する根拠がなかったわけではありません。しかし、どの研究も糖質を控えてから数日〜7

日程度で筋肉を調べ、筋肉内のグリコーゲン（エネルギー源）が減少していることを示した１９７０年前後のものでした（Acta Physiol Scand 1967, 71, 140-150）（J Appl Physiol 1972, 33, 421-425）（J Am Diet Assoc 1979, 75, 42-45）。しかし、現実世界では運動パフォーマンス・持久力の向上のために様々な食事法を模索するアスリートが、経験則により糖質を制限する食事を選択するという事象が多数生じていました（Ben Greenfield, *The low carb athlete: The official low carbohydrate nutrition guide for athletic endurance and performance*, Createspace Independent Pub, 2015/9/19）。

そして、その科学的背景を示す論文が２０１６年に発表されました。それは、ウルトラマラソンやトライアスロンの選手で、元来、カーボ・ローディングをしているアスリートと、元来、糖質を控えている、すなわちファットアダプトをしているアスリートに集まってもらい、最大酸素摂取量の65％の運動強度で3時間の運動をさせ、その前後で筋肉をくりぬき、筋グリコーゲン量の差異を検討したという論文です（Metabolism 2016, 65, 100-110）。

本文の中でも紹介されている研究ですが、１９７０年前後の研究と異なり、普段から（長期に）ファットアダプトをしているアスリートと、カーボ・ローディングをしているアスリートではと筋グリコーゲン量に差異はありませんでした。それどころか、運動中のエネルギー源を調べてみると、ファットアダプトをしているアスリートの方が、安定して脂質を主なエネルギー源としていたのです。1970年頃の研究が虚偽だったのではなく、ファット・アダプテーションを起こす（糖質制限に適応して、脂質をエネルギー源として燃やせる体質に変換する）前に検討したものだったのです。

そんな論文の存在を知った直後、某雑誌で長友佑都選手が真摯に食事法に向き合い、最近では多くの人が知る言葉になった〝血糖値スパイク〟の問題を、それが運動パフォーマンスの低下につながるということで体感されているということを知りました。

論文などをお読みにならない上で、血糖値スパイクの問題を体感でお気づきになり、それを改善すべく食事法の模索をしておられるということに、長友さんの真のスーパーアスリートとしてのすごみを感じました。

その一方で、元々、学生時代からサッカーが大好きな私は、そのときの長友さんの食事法で足りない部分や、おそらくこの先にぶつかるであろう問題点に気がつきました。そしてその部分を補い、よりパーフェクトな食事法を実践してもらうために、気づいた点を長友さんにお伝えしたいと思いました。

そんな私と長友さんを引き合わせてくださったのが、以前、15万部のベストセラー『糖質制限の真実』を担当してくださった幻冬舎の石原さんと木原さんでした。

これからのあらゆる食事法は、科学的根拠に基づかなければならないと私は思っています。ただ、それと同じか、それ以上に大切なことは、美味しさや心の豊かさもその食事から得られることであると思っています。先日、食べさせていただいた加藤シェフのお料理は、まさにそのような素晴らしいお食事でした。

そして、もう一つ、このファットアダプトという食事法が、ご自身の健康のために運動をしていて、ことによると体を痛めているかもしれない一般の方にとっても健康増進につながるものであることを、ぜひ知っていただきたいと思っています。

私は、食・楽・健康協会という一般社団法人を通じて、食後血糖値を上げにくくする商品や環境を多くの企業に作っていただき、それを選びながら普通に生活しているだけで、糖尿病や肥満症の方たちが、生活の質を上げつつ、治療成果も挙げるという世界を作ろうとしています。そして、それは、医療費の削減という形で「世間よし」にも通じる、三方よし（売り手よし、買い手よし、世間よし）の世界を作るということであります。

そこで大切なことは、様々な疾病の根っこに食後高血糖があるということです。だからこそ、食・楽・健康協会では食後高血糖への啓蒙や食後血糖の測定にも力を注いでいるのです。

２０１３年時点での中国のデータでは、成人の２人に１人が血糖異常者でした（JAMA 2017, 317, 2515-2523）。日本ではよく６人に１人が血糖異常者といわれていますが、日本のデータは空腹時のみのデータを検討したもの、中国のデータは食後血糖も合わせて検討したものです。おそらく、食後血糖まで調べれば日本人でも２人に１人が血糖異常者である可能性が高いと思っています。こうした方たちが、ご自身の健康のためにと運動をされる際、昔ながらのカーボ・ローディングを意識した食事をしてしまっていたら……。それはまさに健康のためによかれと運動を始めたことが、かえってカラダを痛めることにつながっているのです。

しかし、カーボ・ローディングでカラダを痛める人はいても、ファットアダプトでカラダを痛める人はいません。ファットアダプトは、食後高血糖を予防することで、万人のパフォーマンス向上、疾病予防に有効性を発揮できる食事法なのです。

サッカー教室に通っている将来のアスリートや、長友さんにあこがれて頑張って練習をしている近未来のアスリート、運動が大好きな市民ランナーの方たちが、この書籍を通じてファットアダプトを知り、実践し、健康と素敵な未来を手にしてくださったらうれしい限りです。

そして、改めて、この書籍の実現のために奔走してくださった、幻冬舎の石原さん、木原さん、そして担当してくださった高部さんに深謝いたします。

２０１９年初夏　山田悟

長友佑都（ながとも・ゆうと）
1986年愛媛県生まれ。トルコリーグ・ガラタサライSK所属。2008年にJリーグ・FC東京でプロデビュー。2010年にイタリア・セリエAのACチェゼーナに移籍。さらに、2011年1月には名門インテル・ミラノへ移籍し、7年間在籍した。2018年、ガラタサライSKに移籍。日本代表として3度のW杯に出場し、現在は、2022年のカタールW杯を目指すと公言している。

加藤超也（かとう・たつや）
1984年青森県生まれ。神奈川県横浜市のイタリア料理店のシェフを6年間務めた後、2016年に株式会社Cuoreに入社、長友佑都専属シェフに就任。長友佑都の所属先に合わせて、イタリア・ミラノに移住、現在はトルコ・イスタンブールに在住。日本、イギリス、フランス、ベルギー、オーストラリアなどを行き来しながら、様々な競技のトップアスリートへの食事指導も行っている。

山田悟（やまだ・さとる）
北里大学北里研究所病院糖尿病センター長、一般社団法人食・楽・健康協会代表理事。日々1300人余りの患者と向き合いながら、食べる喜びが損なわれる糖尿病治療において、いかにQOL（クオリティ・オブ・ライフ）を上げていけるかを追求。2013年に食・楽・健康協会を設立する。『糖質制限の真実』『カロリー制限の大罪』など著書多数。

ブックデザイン	水戸部功
構成	井上健二
撮影	峯岸進治
レシピ作成	加藤超也
取材協力	中村洋太、株式会社Cuore
企画協力	山田サラ
監修	山田悟

長友佑都の
ファットアダプト食事法
カラダを劇的に変える、28日間プログラム

2019年6月20日　第1刷発行

著　者　**長友佑都**

発行者　**見城 徹**

発行所　**株式会社 幻冬舎**
〒151-0051東京都渋谷区千駄ヶ谷4-9-7
電話　03(5411)6211(編集)
　　　03(5411)6222(営業)
振替　00120-8-767643

印刷・製本所　**中央精版印刷株式会社**

検印廃止

ISBN978-4-344-03477-8 C0095
幻冬舎ホームページアドレス　https://www.gentosha.co.jp/

この本に関するご意見・ご感想をメールでお寄せいただく場合は、
comment@gentosha.co.jpまで。